D1718931

Edition Korrespondenzen
Ottó Tolnai

Ottó Tolnai

Göttlicher Gestank

Gedichte

Aus dem Ungarischen
und mit einem Nachwort
von Zsuzsanna Gahse

Edition Korrespondenzen

Deutsche Erstausgabe
© Edition Korrespondenzen, Reto Ziegler, Wien 2009
© für diese Zusammenstellung: Ottó Tolnai 2009

Umschlag: Leif Ruffmann
Gesetzt aus der Eureka
Gesamtherstellung: Interpress, Budapest

Die Handschrift auf Seite 3 ist ein Autograph des auf Seite 18
abgedruckten Gedichts.

Die Herausgabe dieses Werks wurde gefördert durch das Künstlerprogramm
des DAAD sowie durch traduki$^\top$, ein literarisches Netzwerk, das das
Bundesministerium für europäische und internationale Angelegenheiten
der Republik Österreich, das Auswärtige Amt der Bundesrepublik
Deutschland, die Schweizer Kulturstiftung Pro Helvetia, KulturKontakt
Austria, das Goethe-Institut und die S. Fischer Stiftung gemeinsam
initiiert haben.

ISBN 978-3-902113-63-4

A CSIRÍZ ISTENI BŰZE

Különben nem vagyok egy pontoskodó
figurának mondható
még akkor sem ha olykor meg voltam győzödve
a tiszavirág kishalála (*la petite mort*)
ami július elején olykor épp születésnapomon
nagyhalállá (*la grande mort*) orkesztrálódik
a zuzazöld folyó fölött
a langyos zuzazöld folyóban
ahol egykor a nagyhalak még a lovakat is aláhúzták
a langyos zuzazöld folyó alatt
ahol mammutok alusznak az agyagban
egy karfiol az elhagyott kertben
akárha az angyalok agyforma ürüléke
anatómiai gipszagy mellyel doktoranduszok labdáztak
egy flamingó hátrahajló térde (ha netalán hátunk mögé
lopózna az isten akkor ist térdet tudjunk hajtani előtte)
tehát a tiszavirág egy karfiol a flamingó ráncos térde
pontosan mutatja azt amit kerestem
most mégis szinte egzaktul érzem
nem szabad semmi kíntornát (*verset*) bemutatnom
még csak az asztalt sem megérinteni
mert mostanság ilyesmivel kísérletezem
próbálom megérinteni az asztalt
melynek lapját egykor gyúródeszkának használták
még csak az asztalt sem szabad megérinteni

DER GÖTTLICHE GESTANK DES LEIMS

An und für sich bin ich kein
penibler Typ
dass sich der kleine Tod (*la petite mort*) der Eintagsfliege
bei uns Theißblume genannt
Anfang Juli oft grad zu meinem Geburtstag
zum großen Tod (*la grande mort*) orchestriert
über dem grumpelgrünen Fluss
im lauwarmen grumpelgrünen Fluss
wo Großfische einst sogar Pferde in die Tiefe zogen
unter dem lauwarmen grumpelgrünen Fluss
wo im Lehm die Mammuts schlafen
und ein Blumenkohl im verlassenen Garten liegt
als wäre er ein hirnförmiges Exkrement der Engel
ein Gipshirn der Anatomie mit dem Doktoranden Ball spielen
oder das rückwärts gebeugte Knie eines Flamingos
(um das Knie selbst dann beugen zu können wenn sich
Gott uns heimlich vom Rücken her nähert)
also Theißblume Blumenkohl und ein runzliges Flamingoknie
zeigen genau was ich suche
das ist exakt was ich empfinde
mit einem Leierkasten (*Gedicht*) darf ich nicht kommen
und nicht einmal den Tisch berühren
mit solchen Dingen experimentiere ich nämlich zurzeit
ich versuche den Tisch zu berühren
dessen Platte früher als Nudelbrett diente
nicht einmal den Tisch darf man berühren

9

még csak az asztalt sem
az is túl teátrálisra sikeredhet
majd ha az asztal érint meg téged
az asztal
melynek lapját egykor gyúródeszkának használták
zoknijaimat sem szabad párosítanom
valami jópofaság
még egy lukas zokniból ist előcsalható
apám meséli amikor a börtönben már nem volt más
a zsebtolvajok saját kapcájukat dugták rabtársaik párnája alá
hogy aztán éjszaka virtuózmód visszalophassák
csak arról a kislányról kellene említést tennem
aki csirízt főzött
lassan mindent átjárt a csiríz isteni bűze
ült az ablakpárkányon
lassan mindent átjárt a csiríz isteni bűze
főzte a csirízt hogy összecsirizelje
imára csirizelje kis kezét (az újságban olvastam volt róla)
talán nekem is csirízt kellene főznöm
ülni az ablakpárkányon
várni lassan mindent átjárjon isteni bűze
talán nekem is csirízt kellene főznöm
valami enyves kulimászt
mielőtt mint leffegő féltalp a cipőről
végképp leválnék a féltekéről.

auch den Tisch nicht
selbst das könnte zu theatralisch ausfallen
wenn dann der Tisch einen berührt
der Tisch
dessen Platte früher als Nudelbrett diente
meine Socken darf ich auch nicht paaren
etwas Drolliges
könnte man sogar löchrigen Socken entlocken
mein Vater erzählt die Taschendiebe hätten im Gefängnis
als es sonst nichts mehr gab die eigenen Fußlappen
unter das Kissen des Zellennachbarn geschoben
um sie nachts wieder virtuos stehlen zu können
und dann sollte ich noch von dem Mädchen berichten
von der Leimköchin
bald war alles vom göttlichen Gestank des Leims durchdrungen
sie hockte auf dem Fenstersims
bald war alles vom göttlichen Gestank des Leims durchdrungen
sie kochte Leim um sich die Hände zusammenzuleimen
ihre kleinen Hände zum Gebet zu kleistern (habe ich in der
                                            Zeitung gelesen)
vielleicht sollte auch ich Leim kochen
auf dem Fenstersims hocken
und warten bis alles von Gottes Gestank durchdrungen ist
vielleicht müsste auch ich Leim kochen
so eine klebrige Pampe
um nicht wie eine lose Schuhsohle
endgültig vom Erdball zu fallen.

A BÁRÁNY

A bárány elvetélt
nyúzom az embriót
szűzpergamenre írom
a bárány elvetélt.

Das Lamm

Das Lamm war eine Fehlgeburt
den Embryo habe ich gehäutet
auf das jungfräuliche Pergament schreibe ich
das Lamm war eine Fehlgeburt.

Léggömb

A nemzetközi vonatok másodosztályú
fülkéinek mocskos kis tükreiben
olykor meglesem arcomat
a láz
s valami állandó szégyenérzet elegy pírja
léggömb
vagy gömbvillám.

LUFTBALLON

In den Kabinen der internationalen Züge
zweiter Klasse ertappe ich manchmal in den
verschmutzten kleinen Spiegeln mein Gesicht
fiebrige Haut
die Röte einer ständigen Scham
ein Luftballon
oder ein Kugelblitz.

Ötsípú angyali nemiszerv

Egy kesztyű
megérintem vigyázva megfordítom botommal
nem emberbőr
se nem valamely nemes vad bőre
bár nagyon is olyan formán gyűrődő
egy kesztyű
egy ám mégsem mondhatnám páratlannak
egy abszolút elhasznált nyirkos szattyánkesztyű
vagy véletlen alápottyant ötsípú angyali nemiszerv
hisz szanaszét nagy klasszikusok kottáit lapozza a szél.

Fünfgliedriges Engelsgeschlechtsteil

Ein Handschuh
vorsichtig berühre ich ihn mit meinem Stock drehe ihn um
Menschenhaut ist das nicht
und nicht das Leder edlen Wildes
obwohl vom Faltenwurf her ähnlich
ein Handschuh
nur einer und trotzdem find ich ihn nicht einsam
ein absolut verbrauchter feuchter Saffianhandschuh
oder ein zufällig herabgestürztes fünfgliedriges Engelsgeschlechtsteil
da der Wind jetzt ohnehin gerade in den Noten der Klassiker blättert.

Előbb nem akart játszani

Tizenkét órával visszatérte után
eddig ismeretlen okokból
kimúlt
bonny az űrmajom
előbb nem akart játszani
aztán nem akart enni
végül már maga sem tudta mit nem akar.

ERST WOLLTE ER NICHT SPIELEN

Zwölf Stunden nach seiner Rückkehr
ist er aus bislang unbekannten Gründen
verschieden
Bonny der Weltraumaffe
erst wollte er nicht spielen
dann wollte er nichts fressen
schließlich wusste er selbst nicht was er nicht wollte.

Kishatárforgalmival

Kishatárforgalmival jár romániába
olcsó gatyát hoz meg szöget
miért tán jó a román szög
nem jó
hajlik
és lila mint a tövis.

Kleiner Grenzverkehr

Mit dem Grenzbus fährt er nach Rumänien
kauft billiges Zeug Hosen und Nägel
warum sind rumänische Nägel gut
die sind nicht gut
verbiegen sich und
sind violett wie Dornen.

Kibuggyan a vér a számon

Utolsó németországi utam alkalmával
nem kis sokkot jelentett számomra
ahogyan látnom kellett
(az eset a stuttgarti rádió tübingeni stúdiójában történt
valóban egy külön kis hangjáték
magam is hosszú évekig rádiós voltam)
teljesen természetesnek veszik:
németül fogok felolvasni.
jóllehet ez nekem eszembe se jutott
de nem volt idő kigyulladt a kis piros lámpa
el kellett kezdenem olvasni (egy kétnyelvű antológia
volt előttem ugyanis) el kellett kezdeni olvasni:
németül a verseimet.
valami különös roppanás hangzott
rianás
netán fogam aranyhídja melynek lábait a jég kilökte
fogam aranyhídja tört ketté
illetve akárha üveget kezdtem volna enni
jóllehet az első falatot még ostyaként törve
ki ne áldozna egy másik nyelv oltárán
igen akárha üveget kezdtem volna enni
gyerekkoromban láttam egy embert vidéki kocsmákban
lépett fel vasat evett és üveget megigézve követtem
ott szemünk láttára megevett egy fél biciklit
majd néhány poharat evett
(majdnem azt mondtam ivott) meg rá jóízűen

Das Blut quillt mir aus dem Mund

Auf meiner letzten Deutschlandreise
war es ein ziemlicher Schock
als ich sah
(es hatte sich im Tübinger Studio
des Stuttgarter Rundfunks ereignet
ein kleines Hörspiel für sich
ich war jahrelang selbst beim Rundfunk)
als ich sah was sie für selbstverständlich hielten:
dass ich auf Deutsch vorlesen sollte
das wäre mir weiß Gott nie eingefallen
doch keine Widerrede das rote Lämpchen leuchtete
ich musste zu lesen beginnen (hatte eine
zweisprachige Anthologie vor mir liegen)
ich musste zu lesen beginnen:
die eigenen Gedichte auf Deutsch
zu hören war ein Krachen
ein Bersten
die Pfeiler der goldenen Zahnbrücke vom Eis zerstoßen
die Goldbrücke über meinen Zähnen war zerbrochen
oder es war als hätte ich Glas zu essen begonnen
der erste Bissen war noch klein wie eine Hostie
wer würde nicht am Altar anderer Sprachen mal opfern
ja es war als hätte ich Glas zu essen begonnen
als Kind sah ich einmal einen Mann in der Dorfkneipe
er aß Eisen und Glas ich war gebannt von dem Auftritt
vor unseren Augen aß er ein halbes Fahrrad

mondom egészen közelről lestem
egyszer sem buggyant ki vér a száján
ám nekem ott a stuttgarti rádió tübingeni stúdiójában
egész idő alatt az volt az érzésem kibuggyant
a szerkesztő a hangmérnök nézi hogyan bugyog
nézik ilyet még nem láttak hogyan bugyog a vér a számon
a felolvasás után rohantam a toalettbe
lemossam papírszalvétába temessem arcom
aztán a nagy izgalom ellenére is figyelni kezdtem magam
német felolvasásaim közben
hogyan hajolok próbálok visszahajolni az eredetihez
netán átcsempészni valamit affekta kántálásomból
s ez már-már ment is amíg egy-egy üvegtárgyhoz
(csillár üveghal kristály azúrszifon) nem értem
s ismét nem éreztem kibuggyan a vér a számon
ami közönség avagy mikrofon netán kamera előtt
felettébb kellemetlen hiszen a költészet már rég
már rég nem ilyen vadromantikus
már rég nem ilyen vadromantikus vér etc dolog
táskám tele papírszalvétával nyakamban törülköző
s akkor azt vettem észre újabb verseim írása közben
több verset írtam ott tübingenben is (hölderlin hesse
s a plágiummal épp megvádolt
különös éppen úgy vádolták meg mint majd kiš danilót
a plágiummal épp megvádolt celan igézetében)
új verseim írása közben már eleve gondolok az eljövendő
zord felolvasásokra
ha írás közben is kibuggyan a vér a számon

hinterher aß er noch einige Gläser
(er trank sie hätte ich beinahe gesagt) verschlang sie gemütlich
und ich sag ja ich sah ihn aus nächster Nähe
nicht ein Tropfen Blut an seinen Lippen
ich aber meinte dort im Tübinger Studio
dass mir das Blut zum Mund herausquillt
und Redakteure Tontechniker betrachten das Blut
wie es quillt so was haben sie noch nie gesehen
nach der Lesung rannte ich zur Toilette
um mir das Gesicht zu waschen ins Papierhandtuch zu drücken
aber trotz Aufregung beobachtete ich dann
so oft ich Deutsch zu lesen hatte
wie ich zum Original schielte zu schielen versuchte
um etwas von meinem hohen Gesang herüberzuschmuggeln
was beinahe klappte solange ich nicht an Gläser stieß
(Deckenleuchten Kristallfische azurne Siphonflaschen)
und wieder das Blut an den Lippen fühlte
was vor dem Publikum dem Mikrophon oder der Kamera
überaus unangenehm ist da die Dichtung längst
längst nicht so wildromantisch ist
längst nicht so wildromantisch mit Blut etc.
meine Tasche ist voller Papiertücher hab ein Handtuch um den Hals
und als ich später neue Gedichte schrieb fiel mir auf
auch dort in Tübingen gab es neue Gedichte (Hölderlin Hesse
und im Bann von Celan
der und das ist merkwürdig
ebenso des Plagiats beschuldigt wurde
wie später dann Danilo Kiš)
als ich nun neue Gedichte schrieb dachte ich an

gondolkodás nélkül kihúzom a szót a metaforát
a költészet már rég nem ilyen
miféle ihlet
eltekintek a felmerülő üvegesen irizáló költői kategóriától
olyan szavakkal élek amelyek immár akárha egy külön kis
(lám mindent minoritásomhoz szabok) privát nyelvet
külön kis privát német nyelvet képeznének
ugyanis megfigyeltem azóta minden versemben
(löszbabán márvány piétán
computer billentyűzetén kuglóf geológiai rajzolatán)
felbukkan egy hangya
honnan a fenéből hangya itt e nagy télben
e zaklatottan csattogó billentyűzeten
a kuglóf szédítő geológiai tekervényein
in flagranti kaptam magam
in flagranti egy hangyával
sokféle perverzióról tudok
de hogy egy hangyával
igen tetten értem a hangya
(:*die Ameise*) volt az a szó
istenem a hangya (:*die Ameise*)
amelynél egyszer csak teljesen véletlen azt éreztem
megérintettem
meg egy másik meg magát a német nyelvet
akárha mint gyíknak
(amely jóllehet éppen hangyákat söpör be)
kétágúvá hasíttatott a nyelvem

die bevorstehenden rauen Lesungen
und sobald schon beim Schreiben das Blut floss
strich ich die Metaphern bedenkenlos
die Dichtung ist längst nicht so
die merkwürdigen Eingebungen
jetzt verzichte ich auf die gläsern irisierende Poesie
lebe mit Wörtern die beinahe nur eine kleine
private Sprache (sieh nur für mich geht es immer um Minderheiten)
eine kleine private deutsche Sprache darstellen
weil mir seitdem in allen meinen Gedichten
(auf Lößklumpen marmornen Pietas
Computertasten geologischen Rillen des Gugelhupfs)
Ameisen aufzutauchen scheinen
woher zum Teufel Ameisen mitten im dicken Winter
auf unentwegt klappernden Tastaturen
in berauschend geologischen Kuchenwindungen
in flagranti hatte ich mich ertappt
in flagranti mit einer Ameise
ich weiß von vielen Perversionen
aber dass ich mit einer Ameise
jawohl ich hatte mich ertappt
die Ameise (*a hangya*) war das Wort
mein Gott die Ameise (*a hangya*)
bei der ich rein zufällig meinte
eine andere also die deutsche Sprache
berührt zu haben
wie einer Eidechse
(die sich vielleicht grad Ameisen in den Schlund fegt)
spaltete sich mir die Zunge entzwei

pánikszerűen emileztem barátnőmnek
mi az hogy: Ameise?! egyáltalán miféle szó: Ameise?!
mond mit akarhat velem in flagranti kaptam vele magam
mit akarhat velem ez a szó istenem mit akarhat: Ameise?!
érzésem szerint válaszolta máris szinte kapásból barátnőm
aki jól ismeri vacogó (lidérces) filológiáim
érzésem szerint írta két szóról van szó: A Meise
(eine Meise délnémetül osztrákul az északiak nem
mondanának ilyet de értenék) ha valóban rákérdeznél a németekre
így ahogyan rám rákérdeztél senki sem tudná megmondani
miről is van szó
majdnem hogy egy régi (nagyon régi) idegen szónak tűnik
ettől féltem
hiszen némileg hasonlóan jártam a francia költészet
központi kategóriájával (melyet legjobban irigyeltem
szükségem volt rá ugyanis az adria inkorporálásánál)
amikor megtudtam hogy valójában egy arab szóról
az azulról van szó
de barátnőm folytatta
etimológiailag az a összefügg az ohn (nélkül)
ősrégi indoeurópai eredetű szótaggal az anti-val
ami sok minden mást is jelent persze de most
maradjunk még a nélkül-nél mint Ohn-Macht
a meise pedig ugye a meissen kettémetszett
mert a feje meg a teste mint lexikonom is mondja
feltűnően elkülönül
illetve hát mint másik lexikonom mondja
a hangya levelet eszik
láthatatlan gyémántfogaival klorofil lemezeket
roppantva kettémetszi

panikartig mailte ich meiner Freundin
was das sei: Ameise?! was für ein Wort ist das: Ameise?!
sag was will das Wort von mir ich und das Wort in flagranti
was will mir das Wort mein Gott was will denn die Ameise
sie antwortete umgehend die Freundin
die meine zittrige (albtraumhafte) Philologie kennt
es scheint zuerst um zwei Wörter zu gehen um *a Meise*
(das ist Süddeutsch Österreichisch die Norddeutschen
sagen das nicht verstehen aber) wenn du wirklich fragst
wird kein Deutscher gleich sagen können
wovon bei dem Wort die Rede ist
es klingt wie ein altes (sehr altes) Fremdwort
das hatte ich befürchtet
war es mir mit zentralen Fragen der französischen Dichtung
doch ähnlich ergangen (da war ich besonders neidisch
brauchte nämlich ein passendes Wort zur Einverleibung
der Adria) als ich erfuhr
dass Azur ein arabisches Wort sei
meine Freundin aber erzählte weiter
etymologisch hänge das Wort mit ohn zusammen
und ohn mit dem uralten indoeuropäischen anti
was natürlich eine Menge anderes noch bedeutet
aber um bei dem ohne zu bleiben wie Ohn-Macht
ist die Ohn-Meise halt ohn und antigemeißelt
denn Kopf und Leib sind wie auch mein Lexikon sagt
auffallend entzweigeschnitten
beziehungsweise meint ein anderes Lexikon
dass die Ameise Blätter frisst
sie mit unsichtbaren Diamantzähnen
Chlorophyllplatten entzweimeißelt

volt egy kabarészínész
folytatta mind ihletettebben barátnőm
heinz erhardtnak hívták nagy kövér szomorú ember volt
egyszer a színpadon a következőt mesélte (adta elő)
Drüben in des Baumes Rinde wohnt die Mutter mit dem Kinde.
Es ist Waise denn der Vater ward ner Ameise zum Frasse.
erre mindenki nevetni tapsolni kezdett
de erhardt szomorúan azt mondta
Noch nicht, noch nicht!
és mondta még szomorúbban mondta tovább
Drüben in des Baumes Rinde wohnt die Mutter mit dem Kinde.
nagy csönd erre erhardt beintett mármint hogy most tapsoljanak
Jetzt, jetzt bitte.
s akkor mindezek után ugye már az sem teljesen véletlen
hogy egyik kedvenc festőmet is éppen
hangyának (Ameise) hívják
aki mellesleg valóban úgy festett akárha egy
festékbe lépett hangya (Ameise) semmis pöttyökkel
igaz nagy igyekezetemben a számomra valamiért
selymesnek tűnő szó (Ameise) ismételgetése közben
(emlékszem első saját román szavam a biserika volt
az egész román nyelvet köréje raktam
mint brnkus a trgu jiu-i emlékművet ama régi kis templom
biserika köré talán mert szerbül és horvátul szlovénül és macedónul
bolgárul és oroszul a biser gyöngyöt jelent)
a selymesnek tűnő szó ismételgetése közben
összeroppantok egy-egy vizespoharat
amit mindig szépen odakészítenek a felolvasás szervezői
végigropogtatok egy-egy bicikliláncot

und es gab einen Kabarettisten
setzte die Freundin beflügelt fort
Heinz Erhardt hieß er ein großer dicker trauriger Mann
auf der Bühne erzählte er einmal (er trug es vor)
Drüben in des Baumes Rinde wohnt die Mutter mit dem Kinde.
Es ist Waise denn der Vater ward 'ner Ameise zum Fraße.
da lachten und klatschten alle
aber Erhardt sagte traurig
Noch nicht, noch nicht!
und noch trauriger sagte er dann
Drüben in des Baumes Rinde wohnt die Mutter mit dem Kinde.
dann große Stille worauf Erhardt zu klatschen bat
Jetzt, jetzt bitte.
nicht wahr nach alldem ist es wohl kein Zufall
dass einer meiner Lieblingsmaler ausgerechnet
hangya (Ameise) hieß
und übrigens malte er nichtige Tupfen wie eine
hangya (Ameise) die in den Farbtopf geraten war
ich war so hingerissen dass ich als ich wiederholt
Ameise sagte auch Seide zu hören meinte
(ich weiß noch mein erstes rumänisches Wort war biserika
und für mich stand alles Rumänische um dieses Wort herum
wie Brâncuşi das Denkmal von Târgu Jiu um den kleinen alten
Tempel stellte vielleicht weil biser auf Serbisch Kroatisch
Slowenisch Mazedonisch und Bulgarisch Perle bedeutet)
und während ich nun das seiden wirkende Wort wiederhole
zerbeiße ich ein zwei Wassergläser
die die Zuständigen bei Lesungen immer bereitstellen
zerknuspere einige Fahrradketten und

nincs kizárva majd ha hazatérek dicső német utamról
vidéki kiskocsmákban fogok üveget vasat egész kerékpárt zabálni
beverem mind az ablakokat akárha mulatás közben
ablaküveggel áldozom immár egész táblákat fogyasztva
éppen csak ostyaropogást hallatva
miközben a kiskocsmákon átfúj a szél
ahol a fellépés után magánosan bóbiskolok
majd egy hangyát pillantok meg: Ameise! mondom
egykori dicső némethoni felolvasásaimat felidézendő:
Ameise! Ameise!
egy hangyát pillantok meg a kockás asztalterítőn
a tükörben amelyet éppen felzabálni készülök
sosem is árvább embert mint azt a kis festőt
hangya andrást
aki abszolút azonosulni tudott a nevével (Ameise)
magánosan élt átlósan közlekedett nagy műterme
sivatagában melynek közepén kis tábori asztalnál
dolgozott festékpöttyöket hagyva a papíroson
amit aztán levélként
illumináló (akárha urániummal érintett) levélképként
postázott valakinek a messzi otthoni városokba
szabadkára zomborba zentára újvidékre
ugyanis zágrábban élt
majd már betegen londonba ment feleségéhez aki szerb volt
s a háború közeledtével már nem maradhatott zágrábban
londonba ment ott halt meg nyomtalanul
soká kerestem sírját egy hangya (Ameise) sírját keresni
egy világvárosban soká s hiába
ugyanis felesége számára abszurdnak tűnt

nach meiner ruhmreichen Deutschlandreise werde ich vielleicht
in Dorfkneipen Gläser Eisen und ganze Fahrräder fressen
werde alle Fenster einschlagen wie bei einem Fest
ganze Fensterscheiben zu verzehren wird meine Kommunion sein
wobei man nur das Knistern der Hostie hört
während der Wind durch die Dorfkneipen weht
wo ich nach den Auftritten einsam dahindöse
dann aber eine Ameise entdecke: Ameise! sage ich
in Erinnerung an die ruhmreichen Lesungen in Deutschland:
Ameise! Ameise!
Ich entdecke eine Ameise auf dem karierten Tischtuch
und im Spiegel den ich grad aufzufressen trachte
jenen kleinen ganz und gar verwaisten Maler
András Hangya
der sich mit seinem Namen (Ameise) absolut gleichsetzen konnte
er lebte einsam pflegte diagonal durch die Ödnis in seinem
Atelier zu schreiten in dessen Mitte er am Campingtisch
arbeitete und Farbtupfen auf dem Papier hinterließ
das er dann als Brief
als illuminiertes (wie vom Uran verseuchtes) Briefbild
jemandem in eine ferne Stadt nach Hause schickte
nach Szabadka Zombor oder Zenta in die Vojvodina
er lebte nämlich in Zagreb
in London kam er schon krank an bei seiner serbischen Frau
die nicht in Zagreb bleiben konnte als sich der Krieg näherte
er ging nach London starb dort spurlos
sein Grab suchte ich lang suchte lang und vergeblich
das Grab einer Ameise (hangya) in einer Weltstadt
seine Frau nämlich fand es absurd

egy idegen világvárosban sírkövet állítani neki
a hangyának (Ameise)
vagy ő kérte nyomtalan maradjon
így még keresztnevét is alliterációként hagyva rám
(immár azon törve fejem felveszem
német nyelvterületen legalábbis felveszem a nevét
s mint egy szép novellában abszolút inkognitóban
mint történelmi tereken araszolok átlósan
araszolok végtelen kiskocsmák asztalterítőinek kockáin át
meg át mint egy szép novellában magam lényétől vacogva
szegény): Andreas Ameise.

ihm der Ameise (hangya)
in einer fremden Weltstadt einen Grabstein zu errichten
oder er hatte drum gebeten spurlos zu bleiben
sodass mir auch sein Vorname nur für die Alliteration blieb
(nunmehr kann ich darüber grübeln und übernehme seinen Namen
im deutschen Sprachraum übernehme ich seinen Namen
schreite inkognito wie in einer schönen Novelle
auf historischen Plätzen diagonal weiter
schreite über die karierten Tischtücher endloser Dorfkneipen
und weiter wie in einer schönen Novelle erschüttert vom eigenen Wesen
ich Armer): Andreas Ameise.

Edenkoben ege

Ó mert nem is olyan egyszerű
és nem csak azért mert semmi sem
kongruens
mert mint nietzsche mondja
nincsenek felületek
nem is olyan egyszerű szöget verni
ólomlemezbe
valamint ha sokat súrolják
egy kis szoba padlóját
cellává lesz
egy ilyen cellában írtam edenkobenben
árvacsáth című kötetem
akárha minden reggel
magam súroltam volna padlóját
gályarab
magam szétmosott kék pizsamában
jóllehet arról nem írtam hogy lőtte le
feleségét hogyan lőtte át lánya száját satöbbi
és ott abban a cellában akárha súrolás közben
értesültem danilo kiš haláláról is
(danilo szintén készült írni csáthról)
kifutottam azt hitték dzsogging
ki szétmosott pizsamámban a szőlők között
vezető utakra amelyek arrafelé abszolút rendezettek
egy ilyen féligmeddig balkáni lény számára

Oberhalb von Edenkoben

Oh es ist gar nicht so einfach
und zwar nicht nur weil nichts
kongruent ist
weil es wie Nietzsche sagt
keine Flächen gibt
es ist gar nicht einfach Nägel in
Bleiplatten zu hauen
zudem verwandeln sich Zimmer
in denen die Dielen allzu oft
gescheuert werden in Zellen
in einer solchen Zelle schrieb ich
in Edenkoben mein Buch mit dem
Titel *Der verwaiste Csáth*
grad als hätte ich die Dielen als
Galeerensklave morgens selbst gescheuert
im eigenen verwaschenen blauen Pyjama
mag sein dass ich darüber wie er seine
Frau erschossen oder den Mund der Tochter
zerschossen hatte nichts geschrieben habe
und ich war sozusagen beim Scheuern der Dielen
als ich hörte Danilo Kiš sei gestorben
(auch Danilo wollte gerade über Csáth schreiben)
ich rannte hinaus man dachte das sei Jogging
rannte im verwaschenen Pyjama zu den Wegen
zwischen den Weinstöcken die dort absolut geordnet
und für ein halbwegs balkanisches Wesen wie mich

szinte elviselhetetlenül tiszták
kifutottam hogy az égre kiáltsak
ám az ég ólma közömbös maradt
akkortájt magyarázta épp egyik barátom
hogy nem is olyan egyszerű szöget verni
ólomlemezbe
gyakorolni kellene gondoltam
ki kellene tapasztalni hogyan szögezni
venni egy-két szöget
venni a kalapácsot naponta próbálkozni
a boltozat ólomlemezébe verni
én sokáig kályhacsövet tanultam fűrészelni
ó mert kályhacsövet sem egyszerű fűrészelni
megfigyeltem hogyan tojt egy tankalkatrészbe
a törpetyúk hogyan vezette elő kis csapatát
a már szétszakadozott napernyő rúdján
majd egy új rézdrótkeféhez írtam ódát
edenkoben óta ólmot szögezni tanulok
ó mert nem is olyan egyszerű
és nem csak azért mert semmi sem
kongruens
mert mint nietzsche mondja
nincsenek felületek
ó nem is olyan egyszerű szöget verni
ólomlemezbe
különösen nem így meztelen
kapaszkodni kezedben szöggel kalapáccsal
kapaszkodni az égboltozatra
ó nem is olyan egyszerű szöget verni

schier unerträglich sauber sind
wollte dort draußen den Himmel anbrüllen
doch blieb das Himmelsblei gleichgültig
damals gerade hatte mir ein Freund erklärt
dass es nicht einfach sei Nägel in
Bleiplatten zu hauen
man müsste es üben dachte ich
müsste es allmählich herausbekommen
Nägel und Hammer kaufen und
täglich probieren
in die Bleiplatte des Firmaments hämmern
Ofenrohre zersägen habe ich lang gelernt
Ofenrohre zersägen oh das ist auch nicht einfach
und ich sah wie ein Zwerghuhn in einem
Panzerwrack Eier legte und die kleine Truppe dann
auf dem Stiel eines kaputten Sonnenschirms herausführte
hernach schrieb ich eine Ode an eine neue Kupferstahlbürste
seit Edenkoben aber lerne ich Nägel in Blei zu hauen
oh das ist gar nicht einfach
und nicht nur weil nichts
kongruent ist
weil es wie Nietzsche sagt
keine Flächen gibt
es ist gar nicht einfach Nägel
in Bleiplatten zu hauen
schon gar nicht wenn einer nackt ist und
mit Nägeln und dem Hammer in der Hand
zum Himmel hinaufsteigen will
oh es ist nicht einfach Nägel

ólomlemezbe
különösen nem így meztelen
ugyanis akkor (1989-ben) szétmosott kék pizsamám
edenkobenben felejtettem.

in Bleiplatten zu hauen
schon gar nicht wenn einer so nackt ist
denn damals (1989) habe ich meinen verwaschenen
Pyjama in Edenkoben liegen gelassen.

Január

Mint egy légy a falon
valaki közeledik
mert vannak nagy telek
amikor már januárban olyan a táj
akár egy vízszintes fal
amelyet vak pingálóasszony meszelt
maga oltotta mésszel
ami a szeme világát is kioltotta volt
mert vannak nagy telek
amikor már januárban minden vakító
s akkor a szajkó (infaustus) azúr tolla
egy sárga vadnarancs rávetül
a fehérségre s arra gondolsz
a szépségtől (egy alvó kategória)
a szépségtől és nem a mésztől
vakult meg az a pingálóasszony is

Mint egy légy a falon
valaki közeledik
süllyed a nagy puha hóban
még meleg
megolvad körüle a hó
örül hogy ilyen szűz közegben
tűnik el örökre
mondják a fagyhalál szép
mennyi szépség

Januar

Wie eine Fliege an der Wand
nähert sich jemand
denn manch ein Winter ist groß
und die Landschaft ist schon im
Januar eine waagrechte Wand
die eine blinde Tüncherin mit ihrem
selbst gelöschten Kalk geweißelt hat
sodass auch ihr Blick gelöscht war
denn manch ein Winter ist groß
und schon im Januar flimmert es weiß
die azurne Feder eines Hähers (infaustus)
und die gelbe Wildorange werfen sich
über all das Weiß und du meinst noch
vor lauter Schönheit (eine schlafende Kategorie)
vor Schönheit und nicht vom Kalk
sei auch die Tüncherin erblindet

Wie eine Fliege an der Wand
nähert sich jemand
versinkt im riesig weichen Schnee
der Mann ist noch warm
der Schnee der ihn umgibt schmilzt sofort
und er freut sich in dieser jungfräulichen
Umgebung für immer zu verschwinden
man sagt zu erfrieren sei schön
so viel Schönheit

egy még langyos lótetemre lel
felhasítja hasát
abba bújik
netán ott áttelelhetne
aztán lassan kihűl mind a két tetem
mint egy jegeces fétuszra találnak rá
bajtársai a ló hasában
amikor a lovat mohón enni kezdik
mint egy mosolygó jeges fétuszra
arra gondolnak ha most kiolvasztanák
újraszületne egész testével mosolygó
kiscsikóként
ó mennyi
mennyi elviselhetetlen szépség
még egy megfagyott katonaló hasában is.

da sieht er die lauwarme Leiche eines Pferdes
schlitzt ihm den Bauch auf
und kriecht hinein
um dort vielleicht zu überwintern
später kühlen beide Leiber aus
und als vereisten Fötus finden ihn
die Kameraden im Pferdebauch
während sie sich ausgehungert über das Pferd hermachen
als einen lächelnden Eisfötus
und sie überlegen dass er
wenn sie ihn auftauen würden
als ein kleines Fohlen wiedergeboren würde
mit dem ganzen Körper lächelnd
oh so viel
so viel unerträgliche Schönheit
selbst im Bauch eines erfrorenen Militärgauls.

A PESTI PARTVIS

A ház előtt egy rongy lógott a szilvafáról
ha a városba indult megállt a szilvafánál
és minden jel szerint rendszeresen
megtörölgette cipőjét
azzal a szilvafáról lógó tiszta ronggyal
néztük utcai cipőpucolót idéző
beidegződött mozdulatait
a váratlanul felragyogó drága olasz cipőt
ilyet még nem láttunk
feldobódtunk
és ez valahogy ránk fért
nagyon ránk
már mint hogy feldobódjunk
mint palacsinta a mennyezetre
netán a firmamentumra ragadjunk
az isten sem tudná megmondani
hogyan is kerültünk éppen oda
ámulva néztük a hamvas kék termés alatt
rogyadozó szilvafát
jóllehet minden ház előtt állt egy olyan
hamvas kék termés alatt rogyadozó szilvafa
igaz a többi szilvafáról nem lógott rongy
elnyűtt kötőfék küllő nélküli biciklikerék
nyúlbőr bikacsök miegymás igen
de rongy úgy nem
ámulva néztük mint csapkodó lobogót

DER ROSSHAARBESEN

Am Zwetschgenbaum vor dem Haus hing ein Lappen
und sooft er in die Stadt fuhr ging er erst zum Baum
polierte sich die Schuhe
allem Anschein nach regelmäßig
mit jenem Lappen vom Zwetschgenbaum
wir sahen die eingeübte Handbewegung
die an Straßenschuhputzer erinnerte dann plötzlich
die aufleuchtenden teuren italienischen Schuhe
so etwas hatten wir nie zuvor gesehen
da stieg die Laune
was längst nötig war
sehr nötig sogar
nämlich die steigende Laune die mit uns
wie eine Palatschinke hoch und höher flog
um am Firmament kleben zu bleiben
der liebe Gott hätte nicht sagen können
wie wir ausgerechnet dort hingelangt waren
erstaunt sahen wir den unter den
flaumig blauen Früchten torkelnden Zwetschgenbaum
obwohl vor jedem Haus so ein torkelnder
Zwetschgenbaum mit flaumig blauen Früchten stand
nur hing von den anderen kein Lappen herab
kaputte Halfter vielleicht speichenlose Fahrräder
Ochsenziemer aus Hasenfell und was sonst noch
aber sicher kein solcher Lappen
erstaunt sahen wir die flatternde Fahne

melyre felesküdnénk
ámulva néztük a szilvafáról lógó rongyot
ámulva a kilépő fess figurát
valójában egy oromi kamiont vártunk
hogy rakományával a tanyára vezessük
csak ahogy lassan mindent átjárt
valami orrfacsaró savanyú bűz
értettük meg a tejátvevő előtt állunk
közben egyre meséltetek éjfél már elmúlt
azt hittem kifolyt a szemem a kánikulában
nem értettem hogyan múlhatott már el éjfél
nem volt benzin esett az eső
az egyik zeneelméletet tanult belgrádban
a katonai behívó elől menekült
irodalomelméletet tanított újvidéken
új életet indult valahogy egybe esett a kettő
új életet indult éppen kezdeni a másik
és csomagjaikkal valamint háromlábú vizslánkkal
meg egy láda szőlővel
nekivágtál velük a határnak
most a változatosság kedvéért egy fekete ikea polc
egy fehér szamojéd spicc volt hátul a kocsiban
mária-róza lába között cserepes virág
kezében tökgyalú az én lábam között nusika (nauszika)
palicsi féltacsink meg keresztben bedugva egy partvis
pesten láttam gondoltam közben elmélázva
jócskán el is érzékenyülve váratlanul
pesten láttam életem leghosszabb nyelű partvisát

auf die wir auch geschworen hätten
erstaunt sahen wir den Lappen am Zwetschgenbaum
und die flotte Gestalt die aus dem Haus trat
gerade erwarteten wir einen wuchtigen Lastwagen
den wir dann samt Ladung zum Weiler leiten wollten
und erst als sich ein betäubend saurer Gestank
um uns durchgesetzt hatte merkten wir
dass wir vor einem Milchtanker standen
ihr habt ständig erzählt längst nach Mitternacht
ich dachte mir hätte die Tageshitze die Augen ausgebrannt
und ich verstand nicht wieso es nach Mitternacht war
Benzin gab es nicht es regnete
einer der Mitfahrer hatte in Belgrad Musikgeschichte studiert
er war vor dem Militärdienst geflohen
unterrichtete Literaturgeschichte in Novi Sad und war dabei
das Leben neu zu beginnen was irgendwie zusammengehörte
und der andere hatte auch ein neues Leben begonnen
mit ihrem Gepäck und unsrem dreibeinigen Vizsla
und mit einer Kiste voller Trauben
bist du mit ihnen in Richtung Grenze losgefahren
diesmal waren zur Abwechslung ein schwarzes Ikea-Regal
und ein weißer Samojeder Spitz hinten im Wagen
zwischen den Beinen von Maria-Rosa eine Topfpflanze
in der Hand hielt sie den Kürbishobel zwischen
meinen Beinen Nusika (Nausika) der Halbdackel aus
Palics und quer im Wagen steckte ein Rosshaarbesen
in Budapest dachte ich zwischendurch
halb dämmernd und unerwartet gerührt
in Budapest hatte ich den Besen mit dem

vitték valahová a sugárúton
olyan volt mint valami abszolút egzakt mérőrúd
ragyogása apám bolti rőfjét idézte
hihetetlen de boltjából csak az a rőf maradt
mennél szegényebbek lettünk
annál vakítóbban ragyogott
a mindenség ragyogó átmérője mondtam
mert az a hosszú nyél a sok használattól
száz éve használhatták
fogalmam sem volt hol és mire
vitték valahová a sugárúton
éppúgy ragyogott mint apám bolti rőfje
különös hogy éppen egy pesti partvis
a mindenség ragyogó átmérője gondoltam
hirtelen semmivel sem tudtam behelyettesíteni
lecserélni így el kellett fogadnom
éppen az a partvisnyél a mindenség ragyogó átmérője
sőt a következő pillanatban már tetszett is
hogy az imagináriusan ragyogó egzakt mérőrúd
éppen nekem mutatkozott
néztük ahogy törölgeti cipőjét
majd a rongyot visszahelyezi a szilvafára
egy asszony nagy kandli tejet
két opálszemű kislányt
a kormányra akasztott szatyorban
órjás görögdinnyét tolt a biciklijén
hangoskodva gyöngyösök szálltak az olajfára
alatta az ólban tonnás koca fiadzott
már a tizediket lökte ki magából

längsten Stiel gesehen
sie fuhren mit ihm über eine der langen Radialstraßen
der Stiel war wie eine absolut genaue Messlatte
mit seinem Glanz erinnerte er mich an die Elle in Vaters Laden
unglaublich dass von dem Laden nur die Elle geblieben war
je ärmer wir wurden umso blendender glänzte sie
der glänzende Durchmesser des Alls sagte ich
denn auch der lange Besenstiel glänzte durch den Gebrauch
man hatte ihn wohl schon hundert Jahre gebraucht
keine Ahnung wo und wofür
sie fuhren mit ihm irgendwohin über die Radialstraße
und der Stiel glänzte wie die Elle in Vaters Laden
merkwürdig dass gerade ein Besenstiel aus Pest
der glänzende Durchmesser des Alls sein sollte dachte ich
nun war dieser Stiel unverwechselbar geworden
durch nichts mehr zu ersetzen ich musste ihn akzeptieren
jenen Besenstiel als glänzenden Durchmesser des Alls
und im nächsten Augenblick gefiel es mir sogar
dass die imaginär glänzende exakte Messlatte
sich ausgerechnet mir gezeigt hatte
wir schauten zu wie er die Schuhe polierte
dann den Lappen an den Zweig zurückhängte
eine Frau schob auf ihrem Fahrrad
eine große Kanne Milch
zwei opaläugige Mädchen und
im Korb auf der Lenkstange eine riesige Wassermelone
laut landeten Perlhühner im Ölbaum und im Stall
darunter war die tonnenschwere Sau beim Werfen
grad hatte sie schon das zehnte Ferkel hervorgestoßen

a gyerekek porérzékenyek mondtad
most majd egy évig nem mehetnek szabadkára
nem értettem miféle porérzékenység itt a pusztában
persze azt sem tudtam melyik gyerekekről mesélsz
előbb az opálszemű kislányokra gondoltam
és főleg azt nem tudtam miért is nem mehetnek
most majd ezek az opálszemű kislányok
egy évig szabadkára
a tonnás koca fiadzás közben is fölzabálja
ha álmában az olajfáról az ólba esik a gyöngyös
mert bontják a népszínházat mondta az apjuk
szállani fog a por színészek hajáról a rizspor
a legjobb preferánszos volt zenicán és környékén
indított jó hallása van biztosan tudta miért
egy másik melódiát mária-róza
zenicán tanult ugyanis tette hozzá
mikor hazajött
kiment a tanyára búzát lopni az apjától
kártyaadósságait kifizetendő
de rosszul kötötte be a zsákot
és miközben folyt a búza
az égre emelve tekintetét felkiáltott
bože što me karaš
szegedi kirajzású hajóácsok voltak az őseim
superek mondta mária-róza
igaz zuppernek írták
de a mármarosi rutének cuppernek mondják
szomszédom a cigány gyurica mármarosi
és egy superestye-család származéka

die Kinder sind staubempfindlich sagtest du
jetzt können sie ein ganzes Jahr nicht nach Szabadka
Staubempfindlichkeit hier in der Puszta das verstand ich nicht
natürlich wusste ich auch nicht welche Kinder du meintest
erst dachte ich an die opaläugigen Mädchen
vor allem verstand ich nicht wieso nun
diese opaläugigen Mädchen ein Jahr lang
nicht nach Szabadka gehen dürften
wäre ein Perlchen schlafend vom Ölbaum in den Stall gefallen
hätte es die gewichtige Sau selbst während des Werfens verschlungen
weil das Volkstheater abgerissen wird habe ihr Vater gesagt
Staub wird es geben Reispulver von den Haaren der Schauspieler
in Zenica und Umgebung hatte er den besten Ruf
er habe ein unerhörtes Gehör meinte Maria-Rosa
warum auch immer und in Zenica hatte sie noch eine andere
Melodie gelernt als sie einmal zurückgekehrt war
fügte sie hinzu um im Weiler draußen bei ihrem Vater
Weizen zu stehlen wegen ihrer Spielschulden
doch hatte sie die Säcke schlecht zugebunden
und während der Weizen rieselte
habe sie den Kopf gehoben und zum Himmel gerufen
bože što me karaš
meine Ahnen waren Schiffsschreiner sagte sie
eine Linie stammte aus Szeged sie waren die Supers
allerdings Zupper geschrieben
aber die Ruthenen aus Marmarosch sagten Cupper
mein Nachbar der Zigeuner Gyurica ist aus Marmarosch
Abkömmling einer Familie Superestye
erst zogen sie nach Deszk dann nach Törökkanizsa

előbb deszkre jöttek majd törökkanizsára
az én őseim is mármarosi rönkúsztatók voltak
ők előbb szegedre ereszkedtek
majd elválva a folyótól
a föld az állattenyésztés felé fordulva
de úgy hogy azért még halászgathassanak
a feketetóhoz vándoroltak
csak aztán került egyik águk
a másik sócsempész volt
át ide a magyarkanizsai pusztába
amikor először látogatták meg őket a sócsempészek
érdekes jelenet játszódott a virágzó sziksóban
nevetve kérdezték immár ti is sóval próbálkoztok
majd hozzátették ha sóval
miért nem inkább tengeri sóval
hiszen már csak egy köpésre
és felragyogott a szemük
mind kékszeműek voltak
csak az én szemembe csöppent savó
már csak egy köpésre az adria
a fonákja is tenger
tengerfenék válaszolták
tengeri só ez is
forgószél szűri
a sütős földre köptek
és felragyogott a szemük
mind kékszeműek voltak
csak az én szemembe csöppent savó
nagyapámnak sosem fizették ki a körösztúri kompot
az istennek tartoztam vele mondogatta

und auch meine Ahnen waren Flößer aus Marmarosch
sie hatten sich zunächst in Szeged niedergelassen
und als sie sich vom Fluss trennten
und sich der Tierzucht zuwandten doch so
dass sie die Fischerei nicht ganz aufgeben wollten
zogen sie weiter zum Schwarzen See
erst dann war ein Zweig der Familie
hierher in die Puszta von Magyarkanizsa gelangt
die Übrigen waren Salzschmuggler
als die Salzschmuggler sie zum ersten Mal besuchten
gab es eine interessante Szene im blühenden Salzfeld
lachend sagten die anderen so nun seid auch ihr
mit dem Salz beschäftigt und fügten hinzu
wenn schon Salz warum nicht Meersalz
wo man doch von hier aus zum Meer
und ihre Augen leuchteten
sie hatten blaue Augen
nur in meine Augen hat sich etwas Molke gemischt
wo man doch von hier aus in die Adria spucken könne
dieses Hinterland sei auch ein Stück Meer
halt Meeresarsch antworteten die Hiesigen
das hier ist auch Meersalz
vom Wirbelwind gesiebt
sie spuckten auf den glühenden Boden
und ihre Augen leuchteten
sie hatten blaue Augen
nur in meine Augen hat sich etwas Molke gemischt
meinem Großvater hatten sie die Fähre nie bezahlt
das bin ich Gott schuldig sagte er

és ezt komolyan gondolta folytatta mária-róza
az istennek tartozott a körösztúri komppal
és örült hogy ezt az adósságát is ilyen szépen letudta
mert az a körösztúri komp egy szolid mestermunka volt
maga hordta a nehéz gerendákat
csak úgy a vállán súlyozva tudta megsaccolni
melyiket hová építse
aztán valahogy mind több templomtornyot csinált
a keresztet is mind maga faragta
valamint azt se felejtsük hisz közben fővárossá lett
ő ácsolta az első emeletes ház tetőszerkezetét
banja lukában 1928-ban
már visszahelyezte a rongyot a szilvafára
de még nem indult
észrevette ugyanis drága olasz cipői
nem egyformán ragyognak
ismét a hamvas kék termés alatt rogyadozó
szilvafához lépett a rongyért nyúlt
meg fog drágulni a kukorica mondtam
nyakunkon a tömérdek baromfi
mert közben palicson a befejezetlen szaunában
valóban tömérdek baromfit inkubáltál
mária-róza hallgatott majd megszólalt
etessétek őket rizsával mint casanova
ránéztél
de még mielőtt durván elküldhetted volna
magyarázni kezdte
egész párizst meghódította vacsoráival
a rizsával táplált baromfi omlós fehér

und das meinte er ernst sagte Maria-Rosa weiter
die Fähre von Körösztúr war er Gott schuldig
und er freute sich auch diese Schuld zu meistern
denn die Fähre in Köröstúr war solides Handwerk
die schweren Balken hatte er selbst herbeigeschleppt
erst wenn er das Gewicht auf den eigenen Schultern
spürte wusste er welcher Balken wo einzubauen war
dann baute er immer mehr Kirchtürme
auch die Kreuze schnitzte er selbst
zudem sollte man nicht vergessen dass Banja Luka
inzwischen die Hauptstadt geworden war und er hatte
1928 das Dach des ersten mehrstöckigen Hauses gebaut
den Lappen hatte er an den Baum zurückgehängt
aber er blieb noch
er merkte dass die teuren italienischen Schuhe
nicht gleichmäßig glänzten
wieder trat er zum torkelnden Baum mit den
flaumig blauen Früchten holte den Lappen
jetzt wird der Mais teurer sagte ich
wir haben all das Geflügel am Hals
denn in der halbfertigen Sauna in Palics
haben für dich Heere von Hühnern gebrütet
Maria-Rosa schwieg dann sagte sie
ihr sollt sie mit Reis füttern wie Casanova
du schautest sie an
aber noch bevor du sie angefahren hättest
begann sie zu erklären
dass er mit seinen Abendessen ganz Paris erobert habe
mit dem Geflügel das er mit Reis fütterte

mellehúsával
minden kínai sovány vágtad rá
igen casonova csupa ín volt
vágott vissza mária-róza
tosha inu kutyáját bütyök is rizsával eteti
naponta egy kilót főz neki
szóltam immár mária-rózát támogatva
csak aztán ő még ráüt
a szőre fénye végett néhány tojást
én is azt eszem integrált rizsát mondta mária-róza
siklók rajzolták magukat a ragyogó sóba
ha nem tapostak el őket a lovak
ellopták a gyöngyös tojásokat
ami maradt
a kikelt kicsiket szakajtóba szedted
majd valóban úgy öntötted elénk őket
akárha gyöngyöt
a vizes aki a tuskabin végett érkezett a pusztába
szintén belemelegedett a mesébe
egy öregről mesélt
szivaccsal bélelt kádban aludt
nagy háza tele volt könyvvel
tele kibontatlan könyvcsomagokkal
valamit nagyon meg akart tudni
de aztán parafa dugót vert a csapba
és bevackolt a kádba
megkérdezte eltartanánk-e
hát eltartottuk
halála előtt alig hallhatóan bocsánatot kért

mit dem zarten Brustfleisch
alle Chinesen sind dürr gabst du ihr zurück
ja Casanova bestand nur aus Sehnen
gab dir Maria-Rosa zurück
der Bütyök füttert seinen Hund den Tosa Inu
auch mit Reis kocht für ihn täglich ein Kilo
sagte ich um Maria-Rosa zu unterstützen
aber sie setzte noch eins drauf man müsse
für das glänzende Fell einige Eier hinzufügen
das esse auch sie sagte sie integrierten Reis
im glänzenden Salz zeichneten sich Nattern ab
jene die nicht von den Pferden zertreten wurden
stahlen die Eier der Perlchen
die Übriggebliebenen
die geschlüpften Jungen legtest du in einen Korb
und schüttetest sie uns vor die Füße
als seien sie wirkliche Perlen
auch der Klempner der wegen der Duschkabine in die
Puszta gekommen war hatte sich warmgeredet
er sprach über einen Alten
der in einer mit Schwämmen ausgelegten Wanne schlief
sein großes Haus war voller Bücher
voller ungeöffneter Buchpakete
irgendetwas wollte er sehr genau wissen
dann aber verstopfte er den Wasserhahn mit einem
Paraffinstöpsel nistete sich in der Wanne ein
und fragte uns ob wir ihn pflegen würden
und wir pflegten ihn halt
bevor er starb bat er kaum hörbar um Verzeihung

ifjú korában gyilkolt mondta
hallgattunk hiszen jól tudtuk ki-kit gyilkolt
előbb egymás sírjára szartunk
aztán emlékművet emeltünk
megbocsátottunk neki
akkor még halkabban kiszólt a kádból
ő is megbocsát nekünk
egy tuskabin a szikes sivatag közepén
immár ő a vizes is bűvésznek érezte magát
egy tuskabin a délibábban
a kisgólyák röpülni tanultak
lám gondoltam ők is ama partvis nyele mentén
fognak afrikába röpülni
ahogy mi is ama partvis mentén fogunk majd mozdulni
ahogy vettem ki
nem egyszerű
semmivel sem egyszerűbb operáció
mint a sugárúton átszállítani
teli kocsiból kiemelni egy partvist
próbáltam úgy irányítani
még ne a halálba
álltam a pusztában zokogva
még ne a halálba
álltam a pusztában zokogva
kezemben a végtelen partvissal
egyértelmű volt majd valaki más fog pókhálózni
de hát egyáltalán miért pókhálózni a pusztában
próbáltam rátekeredni
mielőtt a ragyogó sziksóba taposna a ló

in seiner Jugend habe er gemordet sagte er
wir schwiegen da wir ja wussten wer wen gemordet hatte
erst haben wir uns gegenseitig auf die Gräber geschissen
dann Gedenktafeln errichtet
wir verziehen ihm
dann rief er noch leiser aus der Wanne heraus
dass auch er uns verzeihe
eine Duschkabine inmitten der salzigen Wüste
nun fühlte sich auch der Klempner als Zauberer
eine Duschkabine in der Fata Morgana
die kleinen Störche lernten grad fliegen
schau nur dachte ich die werden jetzt
jenem Besenstiel entlang nach Afrika fliegen
wie auch wir uns entlang des Stiels bewegen werden
dachte ich als ich ihn aus dem Wagen hob
das war nicht einfach
einen Besen aus einem vollgestopften Wagen zu heben
ist keine einfachere Operation
als ihn durch eine Radialstraße zu transportieren
ich versuchte den Stiel so zu halten
dass er noch nicht in den Tod
schluchzend stand ich in der Puszta
dass er noch nicht in den Tod zeigte
schluchzend stand ich in der Puszta
mit dem endlosen Rosshaarbesen in der Hand
sollten sich andere um Spinnweben kümmern das war klar
wozu überhaupt die Spinnwebenjagd in der Puszta
ich versuchte mich um die Stange zu winden
bevor mich das Pferd am glänzenden Salzboden zertreten

fölfalna a disznó
a körösztúri komp már nem jár
álltam a pusztában zokogva
bármit tartok a kezemben inadekvátnak bizonyul
de a te kezedben a gyönggyel teli szakajtó
mária-róza nagyapja vállán a gerenda
a figura kezében a rongy
amit épp visszaakasztott a szilvafára
abszolút a helyén való volt
csapkodó lobogó melyre fölesküdnénk
elégedetten lépkedett fényes olasz cipőiben
ahogy elhaladt mellettünk mintha megpillantotta volna
kocsinkban hátul a polcon a fehér szamojéd spiccet
és akkor eszembe jutott
hiszen mária-róza még mindig casanováról beszélt
látni véltem casanova párizsi baromfi udvarát
ahogyan áll tyúkjai között
kaszáló mozdulattal hinti az opálfényű magot
és akkor eszembe jutott az ifjú balthus
mármint hogy első utcaképein is éppen ilyen abszurd
gerelyszerű rudat visznek merev figurái
csak sokkal később jelenik majd meg az a
gerendát cipelő ács
rákérdezhettem volna arra a gerendára
akár ama gerelyszerű rúd mibenlétére is
de én a *La fenêtre Cour de Rohan* című kép felől kérdeztem
mondtam azt a festményét szeretem legjobban
ám akkor egy kis zavar állt be
istenem gondoltam most leégek

bevor mich die Sau aufgefressen hätte
die Fähre von Körösztúr fährt nicht mehr
schluchzend stand ich in der Puszta
was ich auch in die Hand nehme erweist sich
als deplatziert aber der Korb in deiner Hand
voller Perlen die Balken auf den Schultern von
Maria-Rosas Großvater der Lappen jenes Mannes
den er eben im Zwetschgenbaum wieder
aufgehängt hatte waren absolut passend
ein flatterndes Banner auf das wir schwören würden
zufrieden schritt er in seinen glänzenden italienischen
Schuhen an uns vorbei dabei schien er auf der Hutablage
bei uns im Wagen den Samojeder Spitz zu sehen
und da fiel mir ein
denn Maria-Rosa sprach immer noch von Casanova
und ich meinte dessen Geflügelhof in Paris vor mir zu haben
ihn zwischen den Hühnern zu sehen denen er mit der
Bewegung von Mähern opalne Körner zuwarf
und da fiel mir der junge Balthus ein
weil doch in seinen ersten Straßenbildern die steifen
Figuren so absurd speerartige Stäbe tragen
viel später erst taucht der Zimmermann bei ihm auf
der den Balken trägt
ich hätte Balthus gern nach diesem Balken befragt
oder nach dem Wesen der speerartigen Stäbe
aber ich fragte ihn nach *La fenêtre Cour de Rohan*
dieses Bild von ihm mochte ich am meisten sagte ich
da stellte sich eine leichte Verwirrung ein
Gott dachte ich jetzt stehe ich ganz schön nackt da

az agg mester ugyanis egyáltalán nem emlékezett a képre
gyorsan megkerestem az egyik monográfiában
hányódott ott néhány
jóllehet egy tizian monográfia volt kinyitva
abból másolta épp a drapériát utolsó nagyformátumú képére
a heverőn alélt meztelen lány kezéből kibukó mandolinnal
az ablaknál két lábon egy feketefoltos fehér kutya
egy izmos vállú dalmatiner
nézi a havas csúcsot amelyet mi is néztünk
balthus pillantást vetett az utolsó nagy vászon
illetve a szénaszárító modellül szolgáló ablakára
akárha ezeken keresztül a *La fenêtre Cour de Rohan*-ra
és jóízűen cigarettázva máris mesélni kezdett
boldogan dolgozott kis párizsi műtermében
amikor kopogtak az ajtón
egy rendőr lépett be
és közölte vele az utcán filmeznek
lekötelezné ha behúzná a spalettát
kiabálni kezdett hogyan képzeli
hiszen ő a fénnyel magával dolgozik
valójában azt az ablakot ama spalettát festi
és a rendőrt dühösen kizavarta
próbált munkájára összpontosítani
ám akkor ismét kopogtak műterme ajtaján
jean gabin lépett be
igen mondta akkor barátkoztak össze
a filmezés künn sokáig állt
senki sem mert benyitni
noha a rendező rettegett az őrült festő

der greise Meister wusste nämlich nichts von diesem Bild
geschwind schlug ich in einer der Monographien nach
einige lagen dort herum und er war gerade dabei
aus einer aufgeschlagenen Monographie Tizians
Draperien für sein letztes großformatiges Bild zu kopieren
für das ohnmächtige Mädchen auf der Liege
dem die Mandoline aus der Hand fällt
am Fenster ein schwarz gefleckter weißer Hund
ein muskulöser Dalmatiner auf den Hinterbeinen
betrachtet die verschneiten Gipfel die auch wir betrachteten
Balthus warf einen Blick zur letzten großen Leinwand
oder eher zum Fenster hinaus zum Modell für seinen Heutrockner
als könnte er dort zum *La fenêtre Cour de Rohan* hinüberschauen
und während er genüsslich eine Zigarette rauchte erzählte er
er habe in seinem kleinen Atelier in Paris glücklich gearbeitet
als jemand an die Tür klopfte
herein trat ein Polizist
der ihm mitteilte dass man auf der Straße filmen würde und
ob er freundlicherweise die Fensterläden schließen könnte
da habe er zu schreien begonnen wie man sich das vorstelle
wo er doch gerade mit dem Licht selbst beschäftigt sei
er male gerade jenes Fenster jene Fensterläden
und wütend jagte er den Polizisten hinaus
dann versuchte er sich auf die Arbeit zu konzentrieren
aber wieder klopfte jemand an der Ateliertür
herein trat Jean Gabin
ja damals hätten sie sich befreundet
das Filmen draußen dauerte eine Weile
niemand mehr wagte bei ihm wieder die Tür zu öffnen

simítókésével (spachtli) ledöfi a film főszereplőjét
nem kérdeztem meg végül becsukta-e a spalettát
s azt sem mertem megkérdezni az agg mestertől
megvásárolta-e jean gabin kedvenc festményemet
(nem vásárolta meg
valami mást vásárolhatott
utána kellene nézni jean clair életmű-katalógusában
mit is)
igen rákérdezhettem volna arra a gerendára
akár ama gerelyszerű rúdra is
mármint hogy ugyanarról a dologról van-e szó
mint mondjuk giorgione viharjának
gerelyszerű lándzsájáról
vagy arra a lándzsára
majd az ecetes szivacs kerül
netán valóban egy partvis rúdja
a mindenség ragyogó átmérője
álltam a pusztában zokogva
a szamojéd spicc mind nagyobb köröket írt
lám a látóhatárt magát pisálja
forró arannyal egzaktmód körül
casanova tán egyenesen kínából hozatta a rizsát
láttam egy gyönyörű zöld ládát
tele ideogrammával az oldalán
lószőr ecseteket küldtek benne egykor kínából pestre
talán fel tudnám ismerni azokat a képeket
melyeket azokkal a kínai ecsetekkel festettek pesten
és akkor immár egy külön irányzatról beszélhetnénk
a római és az európai iskola mellett

obwohl der Regisseur befürchtete der verrückte Maler
könnte seinen Hauptdarsteller mit einer Spachtel erstechen
ich fragte nicht ob da die Fensterläden geschlossen waren
und ich wagte den greisen Meister nicht zu fragen
ob Jean Gabin mein Lieblingsbild gekauft habe
(hatte er nicht
sondern etwas anderes
was es war müsste man in Jean Clairs Katalog über das
                                    Lebenswerk nachlesen)
ja und nach jenem Balken hätte ich ihn fragen können
oder auch nach den speerartigen Stäben
ob damit das Gleiche gemeint sei
wie nur zum Beispiel bei der speerartigen
Lanze in Giorgiones Sturmgemälde
oder wird auf jene Lanze
ein mit Essig getränkter Schwamm gesteckt
und ist vielleicht in Wirklichkeit ein Besenstiel
der glänzende Durchmesser des Alls
schluchzend stand ich in der Puszta
der Samojeder Spitz zog immer weitere Kreise
nun pisste er sein heißes Gold exakt
am Horizont entlang
Casanova ließ sich den Reis vielleicht direkt aus China
bringen ich hatte einmal eine wunderbare
grüne Lade gesehen seitlich voller Ideogramme in der einst
Rosshaarpinsel aus China nach Pest befördert wurden
vielleicht würde ich die Bilder die in Pest mit jenen
chinesischen Pinseln gemalt wurden erkennen sodass
wir neben römischen und europäischen Stilrichtungen

a kínai iskoláról
gondoltam ha ismét arrafele járunk
mert mi még fogunk fordulni néhányszor
szakajtok egy szem szilvát
arról a hamvas termés alatt rogyadozó fáról
álltam a pusztában zokogva
kezemben a végtelen partvissal
hogyan lehetséges maga a mindenség talán nem
jóllehet minden egyes pontja igen
inadekvát (abszurd)
illetve fordítva
maga a mindenség talán igen
a helyén
viszont minden egyes pontja
pontatlan
hogyan lehet egy pont pontatlan
talán mint egy légy
szarral-vérrel teli szétnyomott légy
s ez akkor már egy olyan kínai kép
avagy az imaginárius átmérő
tényleg mindent pontosítani képes
lám a látóhatár arany kerekét is
küllőssé szerkesztette máris
netán valóban az a pesti partvis
a pöcök
a végtelen ragyogó pesti partvis
mely apám rőfjét idézve mutatkozott nekem
a ragyogó végtelen pesti partvis

von einer besonderen Schule reden könnten
von der chinesischen Schule
ich dachte wenn wir dort wieder vorbeifahren
denn wir mussten den Weg noch einige Male fahren
würde ich eine Zwetschge von jenem unter den
flaumigen Früchten torkelnden Baum pflücken
schluchzend stand ich in der Puszta
mit dem endlosen Besen in der Hand
wie ist das möglich womöglich ist nicht
das gesamte All deplatziert (absurd)
sehr wohl aber seine einzelnen Punkte
beziehungsweise umgekehrt
das All selbst ist
sehr wohl in Ordnung
aber alle einzelnen Punkte sind
ungenau
wie kann ein Punkt ungenau sein
vielleicht wie eine Fliege die in
der eigenen Scheiße und ihrem Blut zerquetscht liegt
und das wäre bereits ein chinesisches Bild
beziehungsweise vermag der imaginäre Durchmesser
in der Tat alles exakt zu zeigen
sogar den goldenen Kreis des Horizontes
hat der Stiel zu einer Speiche umgestaltet
am Ende ist der Besen aus Pest wirklich
die Nabe
der endlos glänzende Besen aus Pest der sich
mir durch die Erinnerung an Vaters Elle gezeigt hatte
der glänzend endlose Besen aus Pest

a pöcök
a mindenséget mint gyöngyöt a sikló
a mindenséget elnyelő semmi torkában
álltam a pusztában zokogva
majd a sziksóban térdre estem
az opálszemű lánykák mintha látták volna
a szilvafáról lógó rongyot
lobogtatni kezdte valami szél
az opálszemű lánykák mintha látták volna
a fehéren izzó puszta fölé emelkedő
ragyogó lószőrlabdát
az opálszemű lánykák mintha látták volna
kezemben a végtelen rúd végén a fekete napot.

die Nabe
verschlingt das All wie die Natter das Perlhuhn
das All wird verschlungen in der Kehle des Nichts
schluchzend stand ich in der Puszta
dann fiel ich im Salzfeld auf die Knie
die opaläugigen Mädchen schienen
am Zwetschgenbaum den Lappen zu sehen
den der Wind flattern ließ
die opaläugigen Mädchen schienen den
weiß glühenden glänzenden Ball aus Rosshaar
zu sehen der sich über die Puszta erhob
die opaläugigen Mädchen schienen am Ende der
endlosen Stange in meiner Hand die schwarze Sonne zu sehen.

INDIGÓN HIPERMANGÁNON

a szájpadlás nélküli fiú
akvarellezni akar a mostoha születésnapján
hajókat indítani hatalmas porcelán lavórjában
istenem amikor először mentünk a louvre-ba
hajókat indítani indigón végtelen hipermangánon
hol a lavór
lányok ne baszkódjatok hol a lavór
hányok.

Auf dem Indigoblau

Der Junge ohne Gaumen
möchte am Geburtstag der Stiefmutter
Aquarelle malen Schiffe im riesigen Lavoir aus Porzellan
auf hohe See schicken
mein Gott als wir zum ersten Mal im Louvre waren
Schiffe losschicken im Indigoblau im endlosen Hypermangan
wo ist das Lavoir
Mädchen was treibt ihr bloß wo ist das Becken
ich muss mich übergeben.

ÉN KŐ

Van amikor a kertisöprű teljesen elkopik
csutak se
semmi
ráadásul még a nyelében is eltöredeznek a szálak
akkor szeretek söprögetni vele
akkor az én söprűm
az én kertisöprűm
akkor lehet vele elkezdeni söprögetni
söprögetni a semmivel a semmi kertjét
na most teljesen elkopott
minden egyes szála eltörött
de nem söprögethetek
mert most meghalok
éppen most halok meg
éppen most kell meghalnom
valahogy így jött ki
mindenkinek másképpen jön ki
nekem így jött ki
hogy most kell meghalnom
amikor épp elkopott
eltörött a kertisöprű
még hallom mondják meghalt
mekkora kő zuhant le a mama szívéről
ez tetszik hogy kőnek neveznek
hatalmas kőhöz hasonlítanak
ez tényleg tetszik

ICH DER STEIN

Manchmal wird der Gartenbesen ganz zerschlissen
kein Stumpf bleibt
nichts
sogar das Reisig zersplittert am Stiel
und dann erst mag ich mit ihm kehren
dann wird er mein Besen
mein Gartenbesen
dann kann ich mit ihm zu kehren beginnen
kehren mit dem Nichts den Garten des Nichts
nun und jetzt ist er ganz zerschlissen
das Reisig ist Stück für Stück zerbrochen
doch kehren kann ich trotzdem nicht
denn jetzt sterbe ich
jetzt gerade sterbe ich
jetzt gerade muss ich sterben
so hat es sich irgendwie ergeben
für jeden ergibt es sich anders
für mich hat es sich so ergeben
dass ich jetzt sterben muss
jetzt gerade da der Gartenbesen
zerschlissen und zerbrochen ist
ich höre sie sagen er ist gestorben
und welch ein Stein fällt von Mamas Herz
sie nennen mich Stein und das gefällt mir
mit einem mächtigen Stein vergleichen sie mich
es gefällt mir wirklich

én kő
hatalmas kő
erre sosem gondoltam
pedig jó lett volna
hányszor jó lett volna ilyesmire gondolni
én mindig csak a kertisöprűre gondoltam
meg a tata katonatükrire
amit bekentem szarral
de arra sosem
hogy kő
hogy én kő
hogy én hatalmas kő
milyen szép is ez
az isten is így beszélhet
kő kő kő kő kő kő kő kő kő
milyen szép is ez a kő kő kő
egy hatalmas kő ami legurul
ami szépen alágördül valami vörös dombról
egye fene a kertisöprűt katonatükröt
alágördül dübörögve
alágördül dübörögve valami halkan doboló
véres dombról.

ich der Stein
ein mächtiger Stein
niemals hab ich daran gedacht
obwohl das gut gewesen wäre
wie gut wär es gewesen so zu denken
und ich dachte immerzu nur an den Besen
und an den Tornisterspiegel des Vaters
den ich mit Scheiße vollgeschmiert hab
doch nie an den Stein
nie daran
dass ich der Stein bin
ein mächtiger Stein bin
wie schön ist das
es könnte auch Gott so ähnlich sprechen
Stein Stein Stein Stein Stein Stein Stein Stein Stein
wie schön ist dieses Stein Stein Stein
ein mächtiger Stein der hinunterrollt
rollt schön hinab von einem roten Hügel
zum Teufel mit dem Besen dem Tornisterspiegel
polternd rollt er hinab
polternd rollt er hinab vom leise pochenden
blutigen Hügel.

Csak abban különbözök

Állok a kanálisban a szürke gémmel
mozdulatlan a szürkeségben
látom a szürke gém már azt hiszi
hogy én vagyok a szürke gém
csak még azt nem tudja hogy
ha én vagyok a szürke gém
akkor ő a szürke gém miféle gém
még majd gémeskútnak gondolja magát
s mind kimeri alulam a vizet
a torzs felhasította a talpamat
piócát szedtem ugyanis a fannynak
még mindig telis-teli vagyok velük
másznak fel rajtam
ki mondja ki
ki mondja ki mindezt helyettem
ha elérik a számat
azt mondja a fanny ha nem dunsztolunk
bár piócát áruljunk a piacon
olyan a mocsár most mint amikor
a fanny hipermangánt szór a porcelántálba
és a lába közé veszi puncikáját tükrözteti
most már az ég alja az egész bolt is olyan
szél lesz
vihar
a nádszálak már keresztezik egymást
akárha rózsaszín filmen kardozni készülnének

Der Unterschied ist nur

Ich stehe im Kanal mit dem Graureiher
starr steht er in der grauen Dämmerung
ich sehe der graue Reiher meint
ich sei der Graureiher
aber er weiß noch nicht was er
als Graureiher für ein Reiher ist
wenn ich der Graureiher bin
am Ende ist er als Ziehbrunnen an der Reihe
und schöpft unter mir alles Wasser ab
die Füße hab ich mir an den Strünken verletzt
denn ich hab für die Fanny Blutegel gesammelt
immer noch kleben sie überall an mir
kriechen an mir empor
wer wird das alles sagen
wer wird das an meiner Stelle sagen
sobald sie meinen Mund erreichen
die Fanny meint wenn wir nichts eindünsten
könnten wir auf dem Markt Egel verkaufen
das Moor sieht jetzt aus wie wenn die Fanny
Hypermangan in die Porzellanschüssel streut
sie zwischen ihre Schenkel stellt und ihr Pelzchen drin spiegelt
so ist jetzt das Firmament am Rand und weiter oben
es kommt ein Wind auf
ein Sturm
die Schilfrohre fallen einander entgegen
als wollten sie in einem rosaroten Film fechten

csak abban különbözök az emberektől
hogy nekik eszükbe se jutna így szépen
lassan ereszteni fel a piócákat
mint csigabigák versenyén
és várni melyik ér fel elsőként a számig
a fanny csókol úgy picit csücsörítve mint a pióca
csak abban különbözök hogy nekik eszükbe se jutna
így zavarba hozni a szürke gémet
állni a kanálisban a szürke gémmel
mozdulatlan a parázsló szürkeségben
állni itt a hajnal lobbanásáig
állni itt ellobbanásáig.

der Unterschied zwischen mir und den Menschen ist
dass es ihnen nie in den Sinn käme
die Blutegel langsam an sich hochkriechen zu lassen
wie bei einem Wettlauf von Schnecklein
und dann zuzuwarten welcher zuerst beim Mund ankommt
die Fanny die küsst so mit spitzem Mund wie die Egel
der Unterschied ist nur dass ihnen nie in den Sinn käme
einen Graureiher derart in Verlegenheit zu bringen
mit dem grauen Reiher im Kanal zu stehen
starr in der glimmend grauen Dämmerung
bis zum Aufflackern des Morgenlichts
und stehen bis das Licht wieder erlischt.

Hegeszd össze nászod haláloddal

Igazán kíváncsi én immár csak
vitéz mária
kislány korában apácának állt
így mondtuk mint amikor
valaki cselédnek áll
de vitéz dédapa
mivel a rend földet is kért
máriát kivette a rendből
mondván itthon is élhet
szent életet
a kiskonyhában is
beszélgethet az istennel
és valóban attól kezdve
hét évtizeden át
szent életet élt
ha nem gyúrta a levestésztát
nem mosott a pléhteknőben
az istennel beszélgetett
a kiskonyha súrolt padlóján
térdepelve
mondom igazán én immár csak
vitéz mária
istenhez való viszonyára vagyok kíváncsi
jóllehet egy ember többször is figyelmeztetett
a villamoson: ne tudd meg

Schweisse Hochzeit und Tod zusammen

Wirklich neugierig bin ich nur
Maria Vitéz
verdingte sich in jungen Jahren als Nonne
darüber sprachen wir wie man
vom Gesinde spricht verdingte sich
doch Urgroßvater Vitéz
hatte weil der Orden
auch Land haben wollte
Maria wieder nach Haus geholt
indem er sagte da könne sie ihr
heiliges Leben ebenfalls
leben könne auch in der Küche
mit Gott reden
und von da an lebte sie
wirklich sieben Jahrzehnte lang
ein heiliges Leben
wenn sie nicht gerade Suppenteig walkte
keine Wäsche im Blechbecken wusch
sprach sie mit Gott
kniete in der Küche
auf dem geschrubbten Dielenboden
ich sage wirklich neugierig bin ich
nur noch auf Maria Vitéz und ihr
Verhältnis zu Gott
in der Straßenbahn hatte mich
ein Mann zwar mehrfach

igazán kíváncsi immár csak
vitéz mária
istenhez való viszonyára vagyok kíváncsi
mert számomra
fél évszázadon át lestem a kiskonyha ablakán
egzakt dolog
hogy viszony volt közöttük
talán ő volt az utolsó némber
aki még kommunikált vele
utána mint nietzsche mondta volt
elrothadt
mármint az isten
de ő
vitéz mária
még bizonyosan beszélgetett vele
templomba nem járt
csak olykor sziksót söpörni
mert az isten és a levestészta mellett
a tisztaság volt
a legfontosabb dolog a számára
kamrájában piramist képeztek
a szarszappan tömbjei
pléhteknőjében olyan tisztára mosta
pruszlikjait üngöcskéit
hogy nem csak a piszok foltjai
a varrott foltok is eltűntek róluk
csipkerongyikává szépült
minden gönce

gewarnt: besser du weißt nichts davon
wirklich neugierig bin ich nur noch
auf das Verhältnis von
Maria Vitéz
zu Gott bin ich neugierig
denn meinerseits
und ich habe ihr ein halbes Jahrhundert lang
heimlich am Küchenfenster zugeschaut
meinerseits ist es eindeutig
dass die beiden ein Verhältnis hatten
vielleicht stand sie mit ihm als letzte Frauenperson
in einer Kommunikation
dann war er wie Nietzsche einst meinte
er nämlich Gott
vermodert
sie aber
Maria Vitéz
sprach gewiss noch mit ihm
in die Kirche ging sie nicht
nur manchmal um Salzschnee zu fegen
denn neben Gott und den Suppennudeln
war die Sauberkeit
das Wichtigste für sie
in der Kammer türmte sich
ihre Scheißseife in Würfeln zu einer Pyramide
im Blechbecken wusch sie ihre
Miederchen und Hemdlein so rein
dass nicht nur die Flecken
sondern auch die Flicken unsichtbar wurden

minden évben meszet oltott
fehérre meszelte kamráját
konyháját
a meszelt falon melynek tövében térdepelt
alig látszott már a festetlen
gipszfeszület
minden alkalommal lemeszelte
a fal része lett
inkább relief immár
a gipszfeszület amellyel később én
palatáblámra írtam
s amit írtam
mediterrán (adriai) spongyáimmal
azóta is hiába próbálom visszavonni
igazán kíváncsi immár én csak
az ő viszonyukra vagyok
olykor mintha beszélgettek volna
az idén fésülsz-e kamillát
mária kérdezte
félek fésülni kamillát
felelte mária
félek átverem a fésű szögeivel
a kisbibiceket
tejes kisnyuszikat
mária te csak nyugodtan menj ki
a szikre és fésülj kamillát
meg később már július közepe felé
mintha azt mondta volna

all ihr Geschmeide verschönerte sich zu
Dornrüschchen
jährlich rührte sie Kalk an
sie weißelte ihre Kammer
ihre Küche
an der weißen Wand vor der sie kniete
war das unbemalte Kreuz
kaum noch sichtbar
jedes Mal hatte sie es mit Kalk übertüncht
schließlich war es ein Teil der Wand
eher ein Relief
dieses gipserne Kreuz mit dem ich
später auf meine Schiefertafel schrieb
und was ich schrieb habe ich
mit meinen mediterranen (adriatischen) Schwämmen
seitdem vergebens wegzuwischen versucht
wirklich neugierig bin ich nur noch
auf ihr Verhältnis
manchmal schienen die beiden zu reden
wirst du dieses Jahr die Kamillen kämmen
fragte Maria
ich habe Angst sie zu kämmen
antwortete Maria
will mit den Kammzinken
die kleinen Winzlinge
die milchigen Häschen nicht verletzen
Maria geh du nur ruhig hinaus zum
Salzfeld und kämm die Kamillen
und später so gegen Mitte Juli

menj le a tiszára mária
holnap virágozni fog a folyó
hegeszd össze nászod haláloddal
meg valamit a székről is mondott
vitéz máriának
mármint hogy húzza közelebb
az almáriumhoz
amelyen két szerecsen (pogány)
keresztfiának a képe volt látható
de lehet csak azt mondta
csavarja le kissé a lámpást
s hagyjon rést az ablakon a macskának
mert elszaporodnak az egerek
s ahogy közelebb húzta a széket
látszott az isten arcán jól tudja
már megint kispórolt egy bögre lisztet
a levestésztából
de még nem döntötte el
halálos bűnnek nyilvánítsa-e
nem hiszen az árendás
holnap hozza az új búzát
s mária holnaptól kezdve már nem fogja
kispórolni azt a bögre nullást a levestésztából
fölkelt átsétált a szálkásra súrolt padlón
akárha egy végtelen gyúródeszkán
s benn a kamrában átszámolta hány tömb
szarszappan van még a piramisban
mikor kell máriának ismét sót söpörnie

schien er zu sagen
gehe zur Theiß hinab Maria
morgen wird der Fluss blühen
schweiße Hochzeit und Tod zusammen
außerdem sagte er Maria Vitéz
etwas über den Stuhl
dass sie ihn nämlich näher zur
Kommode schieben sollte
wo die Fotos ihrer beiden Patenkinder
den zwei Mohren (Heiden) zu sehen waren
aber womöglich sagte er nur
dass sie das Laternenlicht zurückdrehen und
für die Katze das Fenster einen Spalt öffnen sollte
denn die Mäuse hätten sich vermehrt
und als sie den Stuhl nähergezogen hatte
war in Gottes Gesicht deutlich zu sehen
dass sie beim Suppenteig wieder
einen Becher Mehl gespart hatte
aber sie hatte noch nicht entschieden
ob sie das als Todsünde angeben sollte
nein da doch der Pächter
tags darauf frischen Weizen bringen würde
und von da an würde Maria
den Becher Nullermehl vom Suppenteig nicht absparen
sie stand auf ging über den rau geschrubbten Dielenboden
als stiege sie über ein endloses Nudelbrett
drin in der Kammer zählte sie wie viele Würfel
Scheißseife noch in der Pyramide lagen
und wann sie wieder Salz fegen müsste

mert titkon arra gondolt
ha elrothad mint isten
sót söpörni jár a járásra
sót párolni áll az adrián.

heimlich meinte sie nämlich
dass sie falls sie mal wie Gott vermodern sollte
draußen auf dem Land landen und Salz fegen würde
an der Adria stehen und Salz sieden.

Csak békanász

Azt mondta a beatrix
hogy engem is az ólban kellene tartani
mint a vass csöre néniék nagy fejű fiát
pedig én fejem a teheneket és a pikszisbe is csak akkor
pisálok ha senki se lát
se hall
most hallok először a szenteltvizes medencébe eresztett
békákról
halakról
mintha egy zöld menyasszony feküdne a hátán
a csordakútban is
annyi a békanyál
ló nincs már
csak békanász
mintha egy zöld menyasszony
mintha egy véres vőlegény
harmaték jorksírje szereti a nyers húst
hogyan kellene becsalni hozzá az ólba beatrixet.

Nur Froschhochzeit

Die Beatrix sagte
dass man auch mich im Stall halten sollte
wie den großköpfigen Jungen der Tante Vass
obwohl ich die Kühe melke und in die Blechbüchse
pisse ich nur wenn mich niemand sieht
niemand hört
ich höre jetzt zum ersten Mal
von den Fröschen
und den Fischen die man ins Weihwasser geworfen hat
als läge eine grüne Braut auf dem Rücken
auch in der Tränke
so viel Froschspeichel
Pferde gibt es keine
nur Froschhochzeit
wie grüne Bräute
wie blutige Bräutigame
der Yorkshire der Harmats mag rohes Fleisch
wie könnte man die Beatrix zu ihm in den Stall locken.

MÁR HIÁBA KERESNÉM

A folyosó kövezetén tolták vissza
a kredencet
teljesen elrothadt már a hátulja
a küszöbnél elakadtak
valahonnan lezuhant egy nipp
másnap megtaláltam a fejét
egyszer több mint tíz éve is már annak
megismerkedtem a herendi porcelángyár
könyvtárosával
a konyhában üldögéltünk
és a keleti filozófiákról beszélgettünk
azt mondták nem tudják átemelni
a küszöbön a kredencet
betolják hozzám
nem kell érte fizetnem
az asszony megörült volna neki
meg az a vörös kabátos lány is
akivel úgy kerültem össze
hogy az utcán az esőben ráleltem
szemétszedő vesszőmmel
átdöftem szememhez emeltem
zsebembe csúsztattam kis semmis
igazolványképét a szívem fölé
egyszer több mint tíz éve is már annak
megismerkedtem a herendi porcelángyár
könyvtárosával

Vergebliche Suche

Über den steinernen Boden schoben
sie im Flur die Kommode zurück
die Rückseite war völlig vermodert
an der Schwelle blieben sie hängen
dabei fiel ein Figürchen zu Boden
anderntags fand ich den passenden Kopf
einmal das ist mehr als zehn Jahre her
habe ich den Bibliothekar der Porzellanfabrik
von Herend kennen gelernt
wir saßen in der Küche und
sprachen über östliche Philosophien
sie sagten sie könnten die Kommode
nicht über die Schwelle heben
sie würden sie zu mir hineinschieben
zu zahlen bräuchte ich nichts
die Frau die hätte sich darüber gefreut
und auch jene junge mit dem roten Mantel
der ich im Regen begegnet war
ich habe sie auf der Straße aufgelesen
mit dem Nagel meines Abfallstabes
habe ich zugestoßen ihr kümmerliches
Ausweisfoto hochgehoben angeschaut und
direkt über dem Herzen in die Tasche gesteckt
einmal das ist mehr als zehn Jahre her
habe ich den Bibliothekar der Porzellanfabrik
von Herend kennen gelernt

a konyhában üldögéltünk
és a keleti filozófiákról beszélgettünk
illetve hát éppen hogy nem beszélgettünk
a keleti filozófiákról
se a herendi porcelánról
bejött két ember a konyhába
imént
mi ott ültünk az asztalnál eszegettünk
szőlőt szilvát tán egy pléhtányérból
aztán elmúlt tíz év
azt mondták nem tudják átemelni a küszöbön
a kredencet betolják hozzám
valahonnan lezuhant egy nipp
másnap megtaláltam a fejét
aztán megint elmúlt tíz év
már hiába keresném
már hiába keresném a nép fejét.

wir saßen in der Küche und
sprachen über östliche Philosophien
das heißt wir sprachen gerade
weder über östliche Philosophien
noch über das Porzellan aus Herend
da kamen zwei Männer in die Küche
wir saßen gerade
am Tisch und aßen Trauben und Pflaumen
wahrscheinlich von einem Blechteller
dann waren zehn Jahre vergangen
sie sagten sie könnten die Kommode nicht über die
Schwelle heben und würden sie zu mir hineinschieben
dabei fiel ein Figürchen zu Boden
anderntags fand ich den passenden Kopf
dann waren wieder zehn Jahre vergangen
und jetzt würde ich vergebens suchen
die Köpfe des Volkes würde ich vergebens suchen.

Manapság minden másképpen van

Másodszorra virágzik immár
a lila akác
vannak ilyen évek
milyen évek
ilyen évek amikor kétszer virágzik
a lila akác
van egy tető nélküli kalickám
ha szerzek egy tetőt
hol lehet manapság
manapság minden másképpen van
kétszer virágzik a lila akác
hol lehet manapság ilyen dolgokat
kalicka tető etc beszerezni
ha szerzek egy tetőt
befogok egy tengelicét
befogok egy tengelice párt
láttad elszaladt egy pap
hol
ott az útkereszteződésnél
másodszorra virágzik immár
a lila akác
befogok de hogyan kell befogni
egy tengelice párt
üzlethelyiséget bérelek
méterárúval üzletelek
tudod milyen szép is az

Heutzutage ist alles anders

Jetzt blüht die lila Akazie
schon zum zweiten Mal
solche Jahre gibt es
was für Jahre
Jahre in denen die lila Akazie
zweimal blüht
ich habe einen Vogelkäfig ohne Dach
falls ich mir ein Dach besorge
wo denn heutzutage
heutzutage ist alles anders
zweimal blüht die lila Akazie
wo kann man sich heute Dinge
wie Vogelkäfige Dächer etc. besorgen
falls ich mir ein Dach besorge
fang ich einen Stieglitz
ein Stieglitzpärchen
schau ein Pfarrer ist vorbeigerannt
wo
drüben bei der Kreuzung
schon zum zweiten Mal blüht
die lila Akazie
ich fang sie mir nur wie fängt man
ein Stieglitzpärchen
ich werde einen Laden mieten
und Meterware verkaufen
weißt du wie schön es ist

nem tudod milyen szép is az
manapság minden másképpen van
kétszer virágzik a lila akác
tudod milyen szép is az
mérni hasítani végtelen
a selymet a buclét
mérni hasítani végtelen
a napvásznat
tudod te egyáltalán milyen is
a napvászon
mérni hasítani végtelen
a kreppet a kartont a lila szatént
nézd visszaszaladt a pap
vagy püspöklila
zavarja valaki
nem zavarja senki
másodszorra virágzik immár
van egy tető nélküli kalickám
ha szerzek egy tetőt
hol lehet manapság ilyen dolgokat
manapság minden másképp van
kétszer virágzik a lila akác
hol lehet manapság ilyen dolgokat
kalicka tető etc beszerezni
ha szerzek egy tetőt
befogok egy tengelicét
befogok egy tengelice párt
vagy mit gondolsz
nem gondolsz semmit

du weißt nicht wie schön es ist
heutzutage ist alles anders
zweimal blüht die lila Akazie
weißt du wie schön es ist
Seide und Bouclé
endlos zu messen zu reißen
endlos zu messen zu reißen
das Sommerleinen
weißt du überhaupt
wie Sommerleinen ist
endlos messen und reißen
Krepp Baumwolle und lila Satinstoffe
schau der Pfarrer ist zurückgerannt
oder bischofslila
jemand stört ihn
niemand stört ihn
schon zum zweiten Mal blüht jetzt
ich habe einen Vogelkäfig ohne Dach
falls ich mir ein Dach besorge
wo kann man sich heutzutage solche Dinge
heutzutage ist alles anders
zweimal blüht die lila Akazie
wo kann man sich heute Dinge
wie Käfig Dächer etc. besorgen
falls ich mir ein Dach besorge
fange ich einen Stieglitz
ich fange ein Stieglitzpärchen
oder was denkst du
nichts denkst du

hazudik aki (azt mondja) gondol valamit
én is kacagó gerléket tenyésszek
más nagy kalickákban
ezt a kis kalickát hagyd meg így
tető nélkül nekem
hogy kacagó gerléket tenyésszek
a balkáni gerléket ellensúlyozandó.

jeder lügt der (sagt dass er) denkt
soll ich auch lachende Turteltauben züchten
in einem anderen großen Käfig
diesen kleinen Käfig lass nur wie er ist
für mich ohne Dach
damit ich lachende Turteltauben züchte
als Gegengewicht zu den Turteltauben des Balkans.

ÓMAMA

Ómama nincs a zöld almáriumban
ómama nincs
ó rég nem csalogat már magához az almáriumfiókba
ómama valójában sosem is feküdt az almáriumfiókban
csak megcsapott egyszer a szaga
az almárium felett a fehér létrán
megcsapott a súrolt fiók ómamaszaga
ómama nincs
ómama sosem is járt újvidéken
ókanizsán kívül csak rómában egyszer zarándokúton
meg egyszer nagykanizsán azzal a bizonyos gőzössel
megy a gőzős megy gőzös kanizsára
ómama nincs
ómama valójában sosem feküdt az almáriumfiókban
be sem is fért volna
én sem is fértem volna mellé
írni mégis szép volt ilyesmiket
ilyesmiket szép
szép ilyesfajta költészetet csinálni
ómama kiszól az almáriumfiókból és hív
és én kezemben ceruzám száraz ágával
mely olykor még ki-kirügyezett levelek bomoltak rajta
befekszem ómama mellé az almáriumfiókba
ómama nincs
ómama nincs a zöld almáriumban
ó rég nem csalogat már magához

Urgrossmama

Omama liegt nicht in dem grünen Kasten
Omama gibt es nicht
o sie lockt mich schon lang nicht mehr in die apfelgrüne Kastenlade
Omama hat nie wirklich in der Lade gelegen
nur schlug mir einmal ihr Geruch entgegen
oberhalb des Kastens auf der weißen Leiter stehend
schlug mir der Omamageruch der geschrubbten Lade entgegen
Omama gibt es nicht
Omama war auch nie in der Vojvodina
außer in Ókanizsa war sie einmal in Rom auf der Wallfahrt
und einmal in Großkanizsa mit jener gewissen Dampflok
dampfend schnaufend fährt sie nach Kanizsa
Omama gibt es nicht
Omama hat nie wirklich in der Lade gelegen
hätte dort gar keinen Platz gehabt
ich hätte neben ihr gar keinen Platz gehabt
trotzdem war es schön so etwas zu schreiben
so etwas ist schön
es ist schön derlei Poesie zu machen
Omama spricht in der Lade und ruft mich
und ich mit dem trocknen Bleistiftzweig in der Hand
an dem sich manchmal aufknospende Blätter tummelten
lege mich zur Omama in die Lade
Omama gibt es nicht
Omama ist nicht im apfelgrünen Kasten
o lang schon lockt sie mich nicht mehr zu sich

s ceruzám száraz ágának immár belét is kitolták
mégis befekszem olykor a zsírszódával súrolt fiókba
mert mondom szép ilyesfajta tiszta*
valamint nyers** költészetet csinálni
jóllehet ómama nincs
ó rég nem csalogat már
ó rég nem csalogat már
ó rég nem csalogat már magához az almáriumfiókba.

---

*   poésie pure
**   poésie brute

man hat das Innere meines trocknen Bleistiftzweigs rausgeschoben
trotzdem lege ich mich manchmal in die mit Soda gescheuerte Lade
denn ich sage ja es ist schön solch reine*
und so raue** Poesie zu machen
mag schon sein dass es Omama nicht gibt
o lang schon lockt sie mich nicht mehr
o lang schon lockt sie mich nicht mehr
o lang schon lockt sie mich nicht mehr zu sich in die Lade.

---

* poésie pure
** poésie brute

Ahogy

Ahogy édesapám már majd 90 évesen
hosszú hallgatás után egyszer csak megszólalt
rendeltem 10 kiló babért
mit rendeltél szólt át édesanyám a hintaszékből
10 kiló babért
babért kaptam fel a fejem én is
rendeltél 10 kiló babért
pestről a hangya-központból
és 100 kilót küldtek
egy egész bála dalmát babért
üzentek a vasútról
megérkezett a babér
küldjek kocsit
minek a kocsi kérdeztem
éppen az állomáson van a tragacsunk
küldjek kocsit a babérnak mondták
alig hogy elkezdtem volna árulni
jött a világháború
talán a hangya-központban is
a háború közelségét érezték meg
és mind szétküldték a raktáron lévő babért
jóllehet a babér
éppen hogy nem romlik rá az emberre
mint a málna és a hal
a babér állóképes
talán a hangya-központban is

Dann

Dann hatte mein Vater mit beinahe 90 Jahren
nach langem Schweigen zu reden begonnen
ich habe 10 Kilo Lorbeeren bestellt
was hast du fragte meine Mutter im Schaukelstuhl
10 Kilo Lorbeeren
Lorbeeren jetzt hob auch ich den Kopf
du hast 10 Kilo Lorbeeren bestellt
in Pest ja im Ameisen-Zentrum
und die haben 100 Kilo geschickt
einen ganzen Ballen mit dalmatinischen Lorbeeren
vom Bahnhof kam dann die Nachricht
die Lorbeeren seien angekommen
ich solle einen Wagen hinschicken
wozu einen Wagen fragte ich
wir haben den Schubkarren am Bahnhof stehen
ich solle für die Lorbeeren einen Wagen schicken
und kaum dass ich sie zu verkaufen begann
brach der Weltkrieg aus
vielleicht hatten sie auch im Ameisen-Zentrum
die Nähe des Krieges schon gespürt
und alle Lorbeeren vom Lager abgeschoben
obwohl die Lorbeeren
einem nicht so schnell verderben
wie Himbeeren und Fische
Lorbeeren sind widerstandsfähig
vielleicht hatten sie auch im Ameisen-Zentrum

a háború közelségét érezték meg
aki 1 kilót rendelt
5 kiló babért kapott
aki 10 kilót
az 100 kiló babért kapott
aki 100 kilót rendelt
1 egész vagon dalmát babért
nemsokára államosították a boltot
és vitte a nép a babért
széthúzták az egész bálát
a kommunisták gyanakodva vizsgálták
az éles kesernyés levelet
a lábatlan barátnak kuka bélának
a bolond tóthnak még a fejére is jutott
egyszerre olyan illata lett a városnak
mint egy görög ligetnek
a babér elnyomta a tisza felől érkező bűzt
a hullák bűzét.

die Nähe des Krieges schon gespürt
wer 1 Kilo bestellt hatte
bekam 5 Kilo Lorbeeren
und wer 10 Kilo wollte
bekam 100 Kilo
wer 100 Kilo bestellte
bekam eine ganze Wagonladung
bald wurde der Laden verstaatlicht
und das Volk trug die Lorbeeren davon
sie rissen die Ballen auseinander
argwöhnisch prüften die Kommunisten
die scharfkantigen herben Blätter
dem beinlosen Freund Béla dem stockstummen
närrischen Tóth reichte es sogar für einen Kranz auf den Kopf
mit einem Mal duftete die ganze Stadt
wie griechische Auen
die Lorbeeren überdeckten den Gestank
der von der Theiß her kam
den Leichengeruch.

Mediterrán képeslap
(Trpanj)

Lea két éves se még
egész nap pucér
a pálma mögül lesi épp
a kis albán cukrászinast
földig érő gipszköténye van
zárás után hallani összetörik
majd újat öntenek rá
az ellenőröket hogy kibekkeljék
új gipszkötényt
minden hajnalban
új gipszkötényt öntenek rá
jeget markol
ostyalapokat pakol
egyik rokona new yorkban
felhőkarcolók vázát szereli a
az indiánokkal
felstimmeli az egérfogókat
majd a másik pálma őshüllő-
lábához támaszkodik
jóllehet ő pontosan tudja
a hüllő egyszer még nagyot lép
miközben én a dagály kobaltlemezén
hazakocogó szamarakat várom:
messziről megérzem málhájukban
a száraz tövis közé mikor keveredik
babér.

MEDITERRANE ANSICHTSKARTE
(Trpanj)

Lea ist nicht mal zwei Jahre alt
den ganzen Tag ein Nackedei
hinter der Palme späht sie eben zum kleinen
Konditorlehrling hinüber zu dem Albaner
dessen Gipsschürze bis zum Boden reicht
nach Ladenschluss hört man wie sie zerhämmert wird
dann gießt man ihm eine neue
um die Kontrolleure auszutricksen
bekommt er eine neue Gipsschürze
täglich in aller Frühe
wird ihm eine neue Gipsschürze übergossen
er greift ins Eis
ordnet die Waffeln
einer seiner Verwandten montiert
in New York zusammen mit Indianern
Gerüste für die Wolkenkratzer
er spannt Mäusefallen
dann lehnt er sich an den Stamm
der anderen Palme an den uralten Kaltblüter
obwohl er genau weiß
der Kaltblüter wird mal einen großen Schritt wagen
und an der Kobaltplatte der Flut warte ich
auf die heimwärts trottenden Esel:
von weitem sehe ich ihrer Fracht an ob
zwischen den trockenen Disteln
Lorbeeren liegen.

HA A TEATOJÁS

Áll vagy talán inkább úgy feledkezett
örökre
mutatóujjára csavart láncával a teatojásnak
mellbimbói izzanak csak felperdülve
a másik kezén finom kesztyű
még tegnap húzta fel
gondolta a városba megy
de nem ment sehová
csak egyik fekete kesztyűjét
húzta fel soká
gondolta előbb teát főz magának
ám csak a teatojást emelte fel
a víz csobogását forrását már
nem bírta volna elviselni
és hát kamillát sem szárított a nyáron
elképzelhetetlen valami is felbukkanjon
a horizonton ami kimozdíthatná
régen az ilyen dolgokat márványból faragták
és azt mondták rá hogy szobor
(magam is jártam márványbányák mélyén)
sok idő múlhatott már
amikor keresztbe téve kézfejét
akárha csupán kesztyűjével támasztva alá
a tojás súlyát
az üres lyukacsos héj
maga volt az abszolút súly

Wenn das Tee-Ei

Da steht sie oder eher hat sie sich für
immer vergessen
die Kette des Tee-Eis um den Zeigefinger gewickelt
die Brustwarzen hitzig aufwärts geschwungen
an der anderen Hand ein feiner Handschuh
den sie sich gestern übergestreift hatte
als sie dachte sie würde in die Stadt gehen
aber sie ging nirgendwo hin
nur den einen schwarzen Handschuh hat
sie sich lange übergestreift
sie dachte erst würde sie sich einen Tee kochen
hat aber nur das Tee-Ei hochgehoben
das Sprudeln und Sieden des Wassers hätte
sie nicht ertragen
und im Sommer hatte sie ja keine Kamillen getrocknet
unvorstellbar dass ein Ereignis nah oder fern
sie aus der Ruhe gebracht hätte
früher wurde ihresgleichen aus Marmor gehauen
und solche Erscheinungen nannte man Statuen
(ich war ja selbst in tiefen Marmorminen unterwegs)
es war sicher schon viel Zeit vergangen
seitdem sie die Hände gekreuzt hatte
mit dem Handschuh schien sie
das Gewicht des Tee-Eis zu stützen
und die leere löchrige Schale war
das absolute Gewicht schlechthin

egy pillanatban szinte egzaktul érezte
a kozmosz forgó labdacsai
(a Föld etcetera)
mennyivel könnyebbek játékosabbak
a homályos üvegfalon túl
többen is rettegve várták
alázuhanjon
már az egész város várta
az utcai ablakokig merészkedtek
jóllehet már mindenki érezte
azt sem tudnák elviselni ha elengedi
ha a teatojás
ha a teatojás robbanva alázuhan.

für einen Augenblick meinte sie genau zu spüren
dass die sich im Kosmos drehenden Kugeln
(die Erde et cetera)
leichter und spielerischer sind
jenseits der trüben Glaswand
da warteten die Leute entsetzt auf den Sturz
die ganze Stadt wartete darauf
sie wagten sich bis zu den Fenstern vor
obwohl alle wussten dass
es unerträglich wäre
wenn sie das Tee-Ei losließe
wenn das Tee-Ei im Sturz explodieren würde.

A kedves piemonti kő

Amikor úgy tűnt
nekem már többé nem adatik meg
nem adatik meg
ismét a vers
kínomban arra gondoltam
írok egy kis vékony szegény-
szürke verseskötetet
szerbül
hiszen különben is olyant
szeretnék immáron
más nyelven nem nyegléskedhet
páváskodni sem páváskodhat a költő
(egyszer már írtam egy fehér könyvecskét
versecen jelent meg anita berberről
az expresszionista táncosnőről
szerbül
megtapasztalhattam tehát milyen szűk
rés is az amelyen egy másik nyelvben
át kell préselnie magát az embernek)
s akkor egy hajnalon úgy ébredtem
az az ébredés még az álom része volt
valami kék jég
forró zsád (jadeit) fagyott a számba
ám hirtelen nem tudtam
milyen nyelven is álmodom
milyen nyelven is fog megszólalni

Der freundliche Stein aus dem Piemont

Als ich meinte
mir wollten sich die Gedichte
sie wollten sich mir
ein für alle Mal verweigern
dachte ich in meiner Not
dass ich einen schmalen
ärmlich grauen Gedichtband
auf Serbisch
schreiben müsste weil ich ohnehin
nur noch so etwas möchte
in einer fremden Sprache sich spreizen
pfauenhaft prahlen kann kein Dichter
(einmal hatte ich ein kleines weißes Buch
geschrieben in Versec erschienen
über Anita Berber die expressionistische Tänzerin
ich schrieb es auf Serbisch
damals habe ich erfahren können
wie eng die Spalte ist durch die man sich
zu einer andren Sprache zwingen muss)
da erwachte ich eines Morgens
das Erwachen war noch ein Teil des Traumes
etwas wie blaues Eis
heißer Jade (Jadeit) lag mir gefroren im Mund
aber plötzlich wusste ich nicht
in welcher Sprache ich träumte
in welcher Sprache ich das Lied

a dal
jade mondta valaki (talán jómagam)
szerbül ugyanis a jad (jád-nak ejtik)
bánatot (gondot aggodalmat nyomort ínséget) jelent
s valami hangszerszerű műszer
a fogorvosi és a bányászfúró között
kezdett el muzsikálni a számban
ám a kő zöld selymét már képtelen volt
kikezdeni hiszen a tolnai világlexikona is
azt mondja hogy a jadeit:
szívóssága hihetetlen
igaz azt is hogy kedves
(kíváncsi lettem különben is újra kell írnom e címszót
a keletiek a nagy keleti bölcsek milyen jelzőkkel illették)
meg azt is mondja a tolnai hogy európában
a piemonti hegyekben található
tehát hogy kedves és ugyanakkor piemonti kő is
a jadeit.

singen wollte
Jade sagte jemand (möglicherweise ich selbst)
auf Serbisch nämlich heißt jad (sprich jad)
so viel wie Kummer (Sorgen Angst Elend Leid)
und etwas wie ein Musikinstrument
halb Zahnarztbohrer halb Bohrer der Bergleute
begann in meinem Mund zu werkeln
konnte aber den grünen Schmelz des Steines unmöglich
angreifen steht doch auch im großen Tolnai-Lexikon
dass Jade
unglaublich hart sei
und der Stein sei freundlich
(dieses Stichwort muss ich wiederholen ohnehin
war ich neugierig mit welchem Prädikat sie ihn im Osten
die großen Weisen im Osten versehen)
zudem steht im Tolnai dass er in Europa im Piemont zu finden sei
folglich ist er freundlich und zugleich ein Stein aus dem Piemont
der Jadeit.

Immár azok is ráncosak

Belgrádban ha felkapaszkodik az ember
a meredek balkáni utcán
a moszkva szállóhoz ér
szép fűzöld zsolnay-cserép
borítja csúcsos tetőzetét
benn nagy értékes kínai váza
dunai hajósok fizettek valamikor vele
és egy richard wagner-festmény
fogalmam sincs hogyan kerülhetett oda
igaz évekig abban a szalonban
szaxofonozott pintyőke
hegedűtanárom ragyogó felesége
helyettesítéskor egyszer
mellei közé szorult az arcom
s hirtelen nem tudtam vonós
vagy fúvós vagyok
ha belgrádban akadt dolgom
istenem én e háborúk előtt a jugoszláv
írószövetség elnöke voltam
(ifjúkoromban egzotikus kalandnak
képzeltem az irodalmat
hát azzá lett
balkán minden meredek egzotikuma
beleszővődött)
ha belgrádban akadt dolgom
mindig beültem pintyőkét hallgatni

Auch sie voller Runzeln

Wenn man in Belgrad die steile
Balkanstraße hinaufsteigt
gelangt man zum Hotel Moskau
schöne grasgrüne Zsolnay-Fliesen
bedecken das spitze Dachwerk
drinnen eine große wertvolle chinesische Vase
Zahlungsmittel einstiger Donauschiffer
und auf einem Gemälde Richard Wagner
keine Ahnung wie es da hingekommen war
wobei Pintyöke die herrliche Frau
meines Geigenlehrers jahrelang dort
im Salon Saxophon spielte
als sie ihn einmal beim Unterricht ersetzte
klemmte mein Gesicht zwischen ihren Brüsten
und plötzlich wusste ich nicht mehr
ob ich Streicher oder Bläser war
jedes Mal wenn ich in Belgrad zu tun hatte
Gott vor den Kriegen war ich Präsident
des jugoslawischen Schriftstellerverbandes
(in meiner Jugend habe ich mir die Literatur
als exotisches Abenteuer vorgestellt
nun ist sie das geworden
die abschüssige Exotik des gesamten Balkans
hat sich mit eingeflochten)
jedes Mal wenn ich in Belgrad zu tun hatte
suchte ich Pintyöke auf um ihr zuzuhören

öreg moszkovita mondták barátaim
már nyugdíjas volt amikor fiával
meglátogattuk
(fia azóta indonéziába költözött
akárha azt a bizonyos egzotikus
komponenst akarta volna kihangsúlyozni ő is):
a sarokban ott álltak árva gázlómadarak
vékony nikkellábakon saxofonjai
immár azok is ráncosan.

alte Moskowiterin sagten meine Freunde
sie war schon Rentnerin als wir sie mit
ihrem Sohn besuchten
(der Sohn wanderte dann nach Indonesien aus
als wollte auch er die exotische
Komponente hervorheben):
In der Ecke dort standen ihre verwaisten Reiher
ihre Saxophone auf dünnen Nickelbeinen
nun auch sie voller Runzeln.

Behemperedtél-e a rózsába
lorand gasparnak

1.

 egy horvát festőnő – tisja* kljaković festménye alá

Olykor nagy esők idején
zománcos cserepek pikkelye
gerendák bonyolult illesztéke között
toronyszobád beázik
mind nagyobb esőzések kora jő
talán maga az özönvíz
a papír elázik
el a kis papírhajó
de te nem hagyod el
egy parafadugó libeg valahonnan
már-már elindulnál felé
de nem indulsz el
ülsz nagy fekete ernyőd alatt
melyet napernyőként használtál egykor
mint a dalmát asszonyok a karszton
szeretted nézni őket ahogy hajód elhaladt
szerettél tövist babért vegyest
harapó szamaraikon feledkezni
hallgatni az aranysakálokat

---

*   Kérem, most az egyszer, ne olvassátok s-nek az sz-betűt, hiszen e tengerfestő
leány nevében ott a Tisza is …

Du hast dich in den Rosen gewälzt
für Lorand Gaspar

1.

zu einem Bild der kroatischen Malerin Tisja* Kljaković

Manchmal wenn die große Regenzeit kommt
sickert zwischen den Schuppen der glasierten Ziegel
und dem vertrackten Gebilde der Balken
Wasser in dein Zimmer im Turm
dann folgen immer größere Regengüsse
womöglich die Sintflut
das Papier wird nass
das kleine Papierschiff löst sich auf
aber du gehst nicht
von irgendwoher schwebt ein Korken herbei
du bist drauf und dran ihn dir zu holen
rührst dich aber nicht
sitzt unter deinem großen schwarzen Schirm
den du einst als Sonnenschirm gebraucht hattest
wie die Frauen aus Dalmatien im Karst
du mochtest ihnen zuschauen wenn dein Schiff vorbeifuhr
es gefiel dir Lorbeeren mit Disteln gemischt
auf ihren bissigen Eseln liegen zu sehen
den Goldschakalen zuzuhören

---

*   Hier bittet der Autor den ungarischen Leser, bei dem Namen der Malerin Tisja,
da sie die Malerin der Meere ist, auch an die Theiß – auf Ungarisch Tisza – zu
denken. (Anmerkung der Übers.)

ülsz vacogva
ne ütközz mint jéghegynek
nickel varrógépnek
hogyan cipelni
hogyan boldogulni egy nagy darab öntöttvassal
az özönvízben
hogyan fenntartani magad forgó kloákában
egy nyakadba kötött súlyos *SINGER*-varrógéppel
hogyan kivárni fekete ernyőd alá
mint szégyenlős kislányok szoknyája
angyalok szárnya alá kapjon a szél
s majd valahol mint ifjúkorodban
az irizáló iszony hajnalán
flamingószín műtőasztalon landoljon veled.

2.

Olykor a trafik mögött lévő őstölgy
köré ácsolt padon látom
a söröző lumpenek között üldögélni
titokban figyeljük egymást
az is megesik a fa törzsére szögezett
lánc végén csüngő sörnyitóért nyúlva
akárha összebilincselve
megérintem nikotin preparálta
keskeny spanyol márki-kezét
máskor bécsben futok össze vele
bosnyák (világ-) zenész barátai társaságában

zitternd sitzt du da
dass du nur nicht mit dem Eisberg zusammenstößt
mit der Nickelnähmaschine
wie soll man ein Riesentrumm von Gusseisen bloß
tragen und mit ihm zurechtkommen
in der Sintflut
wie nicht in der wirbelnden Kloake versinken
mit der wuchtigen SINGER-Nähmaschine am Hals
wie soll man zuwarten bis der Wind
unter deinen Schirm greift
als ginge es um den Rock eines verschämten Mädchens
oder um Engelsflügel die mit dir wie in deiner Jugend
in der Dämmerung des flatternden Grauens
auf einem flamingofarbenen Operationstisch landen.

2.

Manchmal sehe ich ihn hinter dem Kiosk auf der
Bank die um die uralte Eiche herum befestigt ist
da sitzt er mit den Pennern beim Bier
heimlich beobachten wir einander
und wenn ich zum Bieröffner greife
der von der Bank an einer Kette herabhängt
quasi an Handschellen
kommt es vor dass ich seine nikotingetränkte
schmale spanische Marquis-Hand berühre
ein anderes Mal treffe ich ihn zufällig in Wien
in Begleitung seiner bosnischen (weltoffenen) Musikfreunde

utoljára például a po-deltában láttam
cremonából ereszkedtem alá
s ő ott állt cserzetten
az egyik édes laguna mortuában
akkor határoztam el
írok róla
(a magam módján megverselem)
ugyanis egy elpusztult flamingó-tetem mellett állt
és hát ugye az ember felelős motívumaiért (metaforáiért)
úgy képzelem a túlvilágon majd azt kérik számon
motívumaimat (metaforáimat)
hogyan sáfárkodtam velük
kitartottál-e mellettük
behemperedtél-e a rózsaszín rózsába
egy-egy rózsaszín rózsatetű mellé
(behemperedtem
miközben tudós barátom figyelte
a mikroszkopikus háremet
amikor azt mondtam a *magam módján*
eljárásom ilyen experimentális voltára gondoltam)
kitartottál-e mond motívumaid (metaforáid) mellett
a végtelenbe tudtad-e fűzni ultraviola fonalukat
a műfajok mohó molytelepei között
avagy csak meglebegtetve
szélnek eresztetted őket
azóta nem találkoztam vele
vissza kell utaznom a deltába

zuletzt sah ich ihn zum Beispiel im Po-Delta
ich war aus Cremona herabgestiegen
und er stand gegerbt dort unten
am toten Arm einer Lagune
damals hatte ich beschlossen
über ihn zu schreiben
(ihn auf meine Weise zusammenzudichten)
er nämlich stand neben einem Flamingo-Leichnam
und für die eigenen Motive (Metaphern) ist man verantwortlich
                                                    nicht wahr
für sie werd ich wie ich meine im Jenseits zur Rechenschaft gezogen
für meine Motive (Metaphern)
und wie ich mit ihnen gewirtschaftet habe
bist du ihnen treu geblieben wird man fragen
hast du dich in den rosaroten Rosen gewälzt
zwischen den rosafarbenen Rosenläusen
(ich habe mich gewälzt
während mein Freund der Wissenschaftler
den mikroskopischen Harem betrachtete
als ich ihm *auf meine Weise* sagte
dass auch ich eine solch experimentelle Vorgehensweise im Sinn habe)
bist du deinen Motiven (Metaphern) treu geblieben
konntest du ihre ultravioletten Fäden durch all
die unruhigen Mottengeflechte der Kunstgattungen
bis in die Unendlichkeit ziehen
oder hast du sie einfach flatternd
dem Wind überlassen
seitdem habe ich ihn nicht wieder getroffen
ich muss zum Delta zurück

hiszen valami sós dagályra várva
talán még mindig ott strázsál
az ultraviolán sugárzó tetem mellett
még mindig ott strázsál helyettem.

3.

A sánta farkas fekete lánya
megette kacagó gerlémet
látom egyes részeit már ki is hányta
ki az enciánbokor tövébe
kerti lakomból figyelem az enciánbokrot
ugyanis a juhar által megdöntött
monarchiasárga oszlopot immár csak
az encián tartja hátán
(a szép mint heveder etc)
figyelem mit lép most
mert mi csak futkosunk
mit lép az enciánbokor
megálmodott ősi ostáblámon
ugyanis kellett lennie valami sejtésének
nagy kísérletemről a hátsó udvarban
(lévén mint jeleztem experimentális költő)
a balkánival szándékoztam keresztezni
úgy képzeltem egy napon másképpen zeng majd
e mélyen töredezett melankolikus félsziget
hát igen hol rózsatetű hol egész félsziget
másképpen zeng majd

denn am Ende steht er noch dort
wartet auf die salzige Flut
neben dem ultraviolett strahlenden Leichnam
wartet an meiner Stelle dort immer noch.

3.

Die schwarze Tochter des Hinkewolfes
hat meine lachende Turteltaube gefressen
und wie ich sehe liegen schon einzelne Brocken
herausgewürgt unter der Enzianstaude
von der Gartenstube aus beobachte ich die Staude
denn eine vom Widder geknickte
monarchiegelbe Säule
wird nur durch den Rücken des Enzians gehalten
(die Schönheit als Gurt etc.)
ich beobachte welche Schritte sie macht
denn wir rennen nur umher
welche Schritte die Enzianstaude auf meinem
längst erträumten Spielbrett macht
sicher hat sie etwas von meinen großen
Versuchen im Hinterhof geahnt
(bin ich doch wie schon angedeutet ein experimenteller Dichter)
ich hatte vor sie mit der balkanischen Art zu kreuzen
in meiner Vorstellung hätte dann die tief zerklüftete
melancholische Halbinsel eines Tages anders gerauscht
nun ja mal würden die Rosenläuse
mal die ganze Halbinsel anders rauschen

boldogan felkacag
e mélyen töredezett melankolikus félsziget
úgy képzeltem majd másképpen zeng
legközelebb elmesélem hogyan találtam rá
az ősi ostábla falapjára
amikor az új evezőkért beugrottam a bognárhoz
(azonnal tudtam vörössel zölddel feketével
dolgozom meg a cikkelyforma mezőket
ám úgy hogy mindegyik mezőnek
legyen egy keskeny arany cikkelye
melyet a boldogság zónájának neveztem el
mert a kör valamiért már a bognár által ki volt jelölve)
de mondom ezt majd legközelebb
ugyanis hosszan kellene felvezetni
mivel sosem is tudtam volna elkészíteni az ostáblát
ha előbb egy megrágott ólajtó korpaillatú deszkáját
sok arannyal kékkel indigóval
nem sikerült volna ikonná szublimálnom
ha ortodox papjaink nem illetik ajkaikkal
figyelem mit lép most
mert mi csak futkosunk mint a csibor
mit lép az enciánbokor
most hogy a sánta farkas fekete lánya
megette kacagó gerlémet
mit lép az enciánbokor
amely eddig a juhar által megdöntött
monarchiasárga oszlopot tartotta hátán
(a szép mint heveder etc)
mit lép ősi ostáblámon az enciánbokor

froh auflachen
diese tief zerklüftete melancholische Halbinsel
in meiner Vorstellung hätte sie dann anders gerauscht
das nächste Mal werde ich erzählen wie ich
das Holz des Spielbretts gefunden hatte
als ich wegen der neuen Ruder beim Wagner vorbeischaute
(ich wusste sofort dass ich die sichelförmigen Felder
tiefrot grün und schwarz bemalen würde
und zwar so dass jedes Feld
eine schmale goldene Sichel hat
die ich die Zone des Glücks nenne
die Kreise waren warum auch immer vom Wagner vorbestimmt)
doch wie gesagt mehr darüber das nächste Mal
die Einleitung wäre zu lang
denn nie hätte ich das Spielbrett fertig bekommen
hätte das zernagte Brett aus dem Ölteich
das Brett mit Kleiegeruch viel Indigo und Gold
nie zu einer Ikone zu sublimieren vermocht
hätten es unsere orthodoxen Popen nicht mit ihren Lippen berührt
ich beobachte welchen Schritt sie nun macht
unsererseits rennen wir ja herum wie das Federvieh
welchen Schritt die Enzianstaude macht
jetzt wo die schwarze Tochter des Hinkewolfes
meine lachende Turteltaube gefressen hat
wie zieht die Enzianstaude weiter
seitdem sie diese vom Widder geknickte
monarchiegelbe Säule auf ihrem Rücken trägt
(die Schönheit als Gurt etc.)
wie zieht die Enzianstaude auf meinem uralten Spielbrett weiter

mit lép
hiszen én úgy képzeltem
boldogan felkacag
ó istenem boldogan
miközben én térdre esve a hátsó udvarban
megtépem ruháimat
boldogan felkacag
e mélyen töredezett melankolikus félsziget.

4.

Olykor újra elmesélem
jóllehet mindig másképpen keverve
az alkatrészeket
(én nevezem alkatrészeknek a variált motívumokat)
prágából jöttünk és valahol brno után
ráláttunk egy kamion rakományára
összevissza tömérdek grafitszín könyökcső
alkony előtt minden bizonnyal van egy pillanat
magyaráztam már pesten kávézás közben
ifjú filmrendező barátomnak
van egy pillanat
amikor a grafit gyöngyházként kezd irizálni
csak mi nem számolunk vele
ezzel a pillanattal
sok más pillanattal igen
de ezzel
amikor a grafit gyöngyházként kezd irizálni

welchen Schritt unternimmt sie
gehofft hätte ich
dass sie glücklich auflacht
mein Gott glücklich
während ich im Hinterhof auf die Knie falle
mir die Kleider zerfetze
dass die tief gebrochene melancholische Halbinsel
glücklich auflacht.

4.

Manchmal erzähle ich es wieder
mag sein dass ich dabei die Ersatzteile
immer wieder austausche
(die variablen Motive nenne ich Ersatzteile)
wir kamen aus Prag und irgendwo nach Brünn
entdeckten wir in der Ladung eines Lastwagens
einen Wirrwarr von unzähligen graphitfarbenen Winkelrohren
sicher gibt es vor der Dämmerung einen Augenblick
erklärte ich schon in Pest bei einem Kaffee
meinem jungen Freund dem Filmregisseur
es gibt einen Augenblick
wo das Graphit wie Perlmutt zu schimmern beginnt
nur dass wir damit
mit diesem Augenblick nicht rechnen
mit vielen anderen Augenblicken schon
aber mit diesem
wenn das Graphit wie Perlmutt zu schillern beginnt

nem számolunk
jóllehet pontosan az volt az a pillanat
tömérdek kis gyöngyház tangóharmonikát láttam
hát igen csak mi állunk csehül
a csehek még mindig autentikusak
és ifjú barátom máris előhozta
nagyapja gyöngyház harmonikáját
lakodalmakban játszott
de egyszer ősszel megfürdött a balatonban
és mind ki kellett szedni lábából a csontot
platinarudakat dugdostak a helyükbe
azóta nem muzsikál
mert a platina rosszul rezonál
én is ismertem egy vak kosárfonót
martonoson mondtam hogy megvigasztaljam
ha szamárra rakták
lakodalmakban játszott
egy-egy szomorú dalt olykor váratlanul felerősítve
áthallatsszon a szomszéd temetőbe
ugyanis nem csak a lakodalmasok
a gyászolók is fizették
de már ő se harmonikázik
nincs szamár
mely vinné gyöngyház hangszerét
nincs szamár
már nem hoznak szamarat dalmáciából
se szamarat se savanyúlevesbe babért.

rechnen wir nicht
mag sein dass es um genau diesen Augenblick ging
ich sah unzählige Tangoharmonikas aus Perlmutt
wobei es die böhmischen Dörfer nur bei uns gibt
die Tschechen selbst sind immer noch authentisch
schon hatte mein junger Freund die
Perlmutt-Harmonika seines Großvaters hervorgeholt
der hatte bei Hochzeiten aufgespielt
aber einmal im Herbst ging er im Plattensee baden
dann musste man ihm alle Knochen aus den Beinen
ziehen und sie durch Platinröhren ersetzen
seitdem macht er keine Musik mehr
weil das Platin von der Resonanz her nichts taugt
um ihn zu trösten sagte ich dass ich in Martonos
einen blinden Korbflechter kannte
wenn man ihn auf den Esel packte
spielte er bei Hochzeiten und einige seiner traurigen Lieder
haben wir manchmal laut aufgedreht
damit man sie auch auf dem benachbarten Friedhof hörte
weil er nämlich nicht nur von den Hochzeitenden
sondern auch von den Trauernden Geld bekam
aber auch er spielt keine Ziehharmonika mehr
und es gibt keine Esel mehr
um sein Instrument aus Perlmutt zu tragen
Esel gibt es nicht mehr
man bringt keine Esel mehr aus Dalmatien
weder Esel noch Lorbeeren für die sauren Suppen.

5.

Olykor befeküdt a kecskék szénájába
mert akkor már jászolként szolgáltak
azok a pszichiátrián kiszuperált
rácsos vaságyak (ketrecek)
itt az árvalányhajas domboldalon
fürödni a langyos búzával teli
kádban fürödtünk
mert a takarmányt meg kiszuperált
fehérzománcos kádakban tárolta
igen az UNPROFOR-os kis hollandus leleménye volt
illetve hát feleségéé aki a kecskéket fejte
a sajtokat göngyölte
miközben a kis hollandus szarajevóban teljesített szolgálatot
ősei is gyarmatokon szolgáltak
értettek a gyémánthoz mérni tudták az igazgyöngyöt
indigóval teával fűszerekkel kereskedtek
ő kecskéket vásárolt itt nálunk
persze élt macedóniában is
de a görögök nem engedték levegőhöz jutni
mármint macedóniát
évtizedek óta szorítják a torkát
(láttam macedón költőkollégáimat
megkékült arccal
valóban akárha görög tragédiák hőseit)
a kis hollandus itt telepedett le nálunk
fehérre festette kecskéivel azt a lankát
a határsáv sötét kis tőzegtava felett

5.

Manchmal legte er sich ins Heu der Ziegen
denn damals dienten die aus der Psychiatrie
ausrangierten eisernen Gitterbetten (Käfige)
bereits als Futterkrippen
an dieser Hügelseite mit dem Frauenflachs
badeten wir im lauen Weizen
in den mit Weizen gefüllten Wannen
denn das Futter wiederum lagerte er in
den ausrangierten weiß emaillierten Wannen
ja das war die Erfindung des kleinen Holländers
von der UNPROFOR beziehungsweise die seiner Frau
die die Ziegen melkte und den Käse rollte
während der kleine Holländer in Sarajewo seinem Dienst nachkam
seine Vorfahren hatten in den Kolonien gedient
sie verstanden was von Diamanten wussten wie man Perlen misst
handelten mit Indigo Tee und Gewürzen
und er nun hat bei uns Ziegen gekauft
hat vorher natürlich auch in Mazedonien gelebt
doch die Griechen ließen einen
nämlich die Mazedonier nicht mal atmen
seit Jahrzehnten drückt man ihnen die Kehle zu
(ich habe mazedonische Dichterkollegen
gesehen mit ihren blauen Gesichtern
wirklich wie Helden in einer griechischen Tragödie)
der kleine Holländer hatte sich hier niedergelassen
weiß glänzten seine Ziegen am Abhang
oberhalb des Torfteiches am Grenzstreifen

mind felvásárolta a pszichiátrián kiszuperált
rácsos vaságyakat (ketreceket) jászolnak
valahogy odaszoktunk mi is
nekünk is megvolt a mi görög tragédiánk
kis népeknek mind megvan
ezért is nagyok
jóllehet egymás előadásait nem nézik
ha netán nézik akkor sem értik
így künn a szabadban egészen másként funkcionáltak
azok a fehér vaságyak (ketrecek)
zománcos kádak
beleállok a búzával teli zománcos kádba
majd áthempergek a rácsos ágy (ketrec) friss szénájába
s aztán hajnalban görgetjük a sajtokat
mossuk a gézt
a géz a csipkegyár nuszproduktuma
a kis hollandus azonnal privatizálta volna
a csipkegyárat
míg tart a háború
mindig tart gondolta
fáslit szállít a feleknek
privatizálta volna
ha én már rég nem privatizáltam volna
azt a csipkegyárat
a rácson át
beláttam a tanya szobáiba
láttam egy kék falat
(szakasztott olyan volt mint
claude simon teraszának kék fala

er hatte alle in der Psychiatrie ausrangierten
eisernen Gitterbetten (Käfige) als Krippen aufgekauft
irgendwie haben wir uns dort eingelebt
auch wir hatten unsere griechischen Tragödien
die haben alle kleinen Völker
darum sind sie groß
mag sein sie schauen sich die Aufführungen der anderen nicht an
und verstehen sie selbst dann nicht wenn sie sie anschauen
da draußen im Freien funktionierten
die weißen Gitterbetten (Käfige)
die emaillierten Wannen ganz anders
ich stieg in die emaillierte Wanne voller Weizen
dann wälzte ich mich ins frische Heu hinüber ins Gitterbett (den Käfig)
und in aller Frühe rollten wir den Käse
wuschen die Mulltücher
der Mull war ein Nebenprodukt der Spitzenstrickerei
der kleine Holländer wollte die Spitzenstrickerei
sofort privatisieren
während der Krieg noch andauerte
der ist immerwährend dachte er
er würde seiner Kundschaft Mullverband liefern
und er hätte sie privatisiert
hätte ich diese Spitzenstrickerei nicht
längst selbst privatisiert
in dem Weiler schaute ich
durch die Gitter in die Stuben
sah dort eine blaue Wand
(aufs Tüpfelchen genau wie die blaue Wand
auf Claude Simons Terrasse

melyet márkus anna műterméből láttunk volt
egyszer párizsban
senki sem tudja úgy mondani
senki
mint claude simon hogy mindig tart
mármint hogy a háború mindig tart)
és láttam egy fehér falat is a rácson át
túl a fekete epren
azon az elhagyott tanyán
okker csík futott a mennyezetről
az árva tüllrongyikával függönyözött ablak felé
egyetlen virágmotívum volt ráhímezve
a kis hollandus szabadságon volt éppen
ő is úgy gondolta a háború
a befejezhetetlen háború befejeztével
ezzel az árva virágmotívummal
be tudnánk törni az európai piacra
ha még lesz európai piac
letépte
mint őrült kornétás
rohantam vele a gyárba
a munkásosztály
semmi sem maradt belőle bambán bámult
ismét egy őrült kornétás
mindig rohan felénk egy őrült kornétás.

die wir einmal in Paris bei Anna Márkus
vom Atelier aus gesehen hatten
und niemand kann
niemand außer Claude Simon
dieses immerwährend so sagen
dass also der Krieg immerwährend sei)
durch das Gitter sah ich auch eine weiße Wand
hinter den Brombeeren
in jenem verlassenen Weiler
eine ockergelbe Linie lief von der Decke aus bis zu einem
verwaisten Fenster verhängt mit einem kleinen Tüllfetzen
darauf ein einziges gesticktes Blumenmotiv
der kleine Holländer war gerade auf Urlaub
auch er dachte dass wir nach dem Krieg
am Ende dieses endlosen Krieges
mit diesem verwaisten Blumenmotiv
den europäischen Markt erobern würden
wenn es diesen Markt dann noch geben sollte
er hat ihn abgerissen
wie ein wahnsinniger Kornett
rannte ich mit ihm in die Fabrik
die Arbeiterklasse
die es nicht mehr gibt schielte uns ins Gesicht
wieder ein wahnsinniger Kornett
ständig rennt uns ein wahnsinniger Kornett entgegen.

6.

Rubljov ikonja
mi bizonyítja kérdezte
az isten (az úr) létezését
rubljov ikonja netán menuhin
mušič egy ehető kis velence-képe
pogorelić játéka
barátommal hallgattuk egyszer uppsalában
----------------------- nekem volt barátom
keserű tengerbe fagyott édes barátom
úszom feléd
kis jégtörő hajó úszom bólogatva
netán birgit finnila búcsúja a földtől
mert csak nő énekelheti s nem dieskau
ahogy két barát búcsúzik egymástól
avagy jonathán bazedovja
annyit meresztgette feléje szemét
ki felé meresztgette kérdezte
az isten (az úr) felé
annyit hogy belefolyt a búzavirág
annyit hogy bele mind a fokföldi ibolya
mi bizonyítja isten (az úr) létezését
egyértelmű válaszolta mint aki szereti
a hasonló találós kérdéseket
mi más is bizonyíthatná akarta mondani
mint jonathán azúr bazedovja
mint a velencei szent márk mennyezetéről
a kis novícius nyelvére alápilinkéző

6.

Die Ikone Rubljows
was beweist die Existenz
Gottes (des Herrn) fragte er
Rubljows Ikone oder Menuhin
ein kleines essbares Venedig-Bild von Mušič
ein Klavierabend mit Pogorelić
in Uppsala hörte ich ihn zusammen mit einem Freund
------------------------ einmal hatte ich einen Freund
im bitteren Meer erfrorener lieber Freund
ich schwimme auf dich zu
kleiner Eisbrecher ich schwimme nickend
am Ende ist es Birgit Finniläs Abschied von der Erde
denn nur eine Frau darf das Lied singen und nicht Dieskau
wie sich zwei Freunde voneinander verabschieden
oder Jonathans Basedow-Augen
er hatte ihm so lang nachgestarrt
wem nachgestarrt fragte er
Gott (dem Herrn)
so lang bis ihm die Kornblumen und alle Veilchen
von Fokföld in die Augen geflossen waren
was beweist die Existenz Gottes (des Herrn)
das ist eindeutig sagte er wie einer
der gerne Rätsel löst
was sonst könnte sie beweisen wollte er sagen
als Jonathans azurblauen Basedow-Augen
als die goldenen Schuppen
die in Venedig in San Marco von der Decke

arany pikkely
a po deltájában ultraviolán sugárzó
flamingó-tetem
a hipermangános lavórban
fanny lába közé bukó nap
hát mi más is bizonyíthatná
az isten (az úr) létezését
mint a lepattogzott rádliminta alatt
csírázni kezdő búzaszem
------ keserű tengerbe fagyott édes barátom
úszom feléd
kis jégtörő hajó
olykor magam is befagyva
úszom feléd bólogatva
ne félj érkezem
keserű tengerbe fagyott édes barátom
ne félj
én immár jóval
hiába százszorszép ezerjó
a rádliminta alatt csírázni kezdő búzaszem
a po-deltában ultraviolán sugárzó flamingó-tetem
a hipermangánban fanny lába közé bukó nap
én immár jóval jobban félek
édes barátom
keserű tengerbe fagyott édes barátom
ne félj érkezem a bizonyítékkal.

auf die Zunge des Novizen herabtaumeln
der ultraviolett strahlende Flamingo-Leichnam
im Po-Delta
die zwischen Fannys Beine sinkende Sonne
in der Porzellanschüssel mit dem Hypermangan
was sonst könnte die Existenz
Gottes (des Herrn) beweisen
als das unter dem Teigrädchen
keimende Weizenkorn
------ im bitteren Meer erfrorener lieber Freund
ich schwimme auf dich zu
kleiner Eisbrecher
bin manchmal selbst beinahe erfroren
nickend schwimme ich auf dich zu
keine Angst ich komme bald an
im bitteren Meer erfrorener lieber Freund
keine Angst
inzwischen allerdings
vergebens alles hundertschöne Tausendgute
und der unter dem Teigrädchen keimende Weizen
und die im Po-Delta ultraviolett strahlende Flamingo-Leiche
die Sonne die im Hypermangan zwischen Fannys Beine sinkt
inzwischen allerdings habe ich immer mehr Angst
lieber Freund
im bitteren Meer erfrorener lieber Freund
keine Angst ich werde mit dem Beweis ankommen.

Sprechgesang

Die vierundzwanzig Gedichte für diesen Band habe ich zusammen mit Ottó Tolnai beziehungsweise mit seinem Segen ausgesucht, so ist diese Auswahl eine Komposition für sich. Die Gedichte stammen zwar aus unterschiedlichen Zeiten, unterschiedlichen Büchern, und einige waren erst in Zeitschriften zu lesen, aber sie sind durch gemeinsame Motive, Themen, Bilder, Wörter verbunden, wodurch ein Gedicht mitunter an ein anderes erinnert; das Gedicht erinnert sich an ein anderes.

In Tolnais „Orpheus auf dem Lande" – dieser Orpheus-Zyklus ist 1992 unter dem Titel „Wilhelms Lieder" („Wilhelm-dalok") auf Ungarisch erschienen – tritt ein Dorfnarr als Ich-Erzähler auf. Versonnen spricht er über seine Einsamkeit, Hilflosigkeit, aber auch über Glücksmomente, zudem besingt Wilhelm, der Tor, seine traurige, geliebte Umgebung, nämlich die flache, weite, salzverkrustete Landschaft der Vojvodina, Tolnais Heimat. Aus diesem Zyklus stammt unter anderem das Gedicht „Ich der Stein". Einzelne Lieder des ländlichen Orpheus sind Mitte der 1980er-Jahre entstanden, während Tolnais Aufenthalt in New York, und das Liedartige, besser gesagt der Sprechgesang, ist spätestens von da an aus Tolnais Dichtung nicht mehr wegzudenken.

„Omama in einem Gangsterfilm aus Amsterdam" heißt ein späterer Zyklus, in dem die szenischen Elemente der Gedichte klar hervorgehoben werden. Omama – im Ungarischen heißt das Wort schlicht und einfach Urgroßmutter – lebt zwar nicht mehr, trotzdem ist sie, beinahe schon als Wiedergängerin, stets präsent. Sie kann mitreden, und durch ihre „Auftritte", durch die Dialoge im Gedicht, zeigen diese so genannten Gangstergeschichten eine Querverbindung zu Tolnais Theaterstücken.

Querverbindungen und Vernetzungen sind ausschlaggebende Stichwörter für das gesamte Werk Tolnais, auch in dem Sinn, dass er ländliche, archaische Bilder und Begriffe mit Bildern und Ausdrucksweisen der Gegenwart verknüpft. Und zu den Querverbindungen gehört auch, dass Tolnai praktisch in jedem einzelnen Fall von seiner allernächsten Umgebung und gleichzeitig von allen erdenklichen Punkten der Welt erzählt, vom Piemont, von New York, Belgrad, Tübingen, Berlin und von der Vojvodina.

Wollte man alle Gedichte Ottó Tolnais gleichzeitig betrachten, hätte man eine zusammenhängende, gut sichtbare Landkarte vor sich, auf der man sich relativ vertraut orientieren kann. Vertraut, weil alle Perlhühner, Hunde, Zwetschgenbäume, Urgroßmütter, nackten Frauenskulpturen, alle vom Salz durchsetzten Felder und ledernen Handschuhe, die Tolnai in seinen Sprechgesang einbezieht, zweifellos so sind, wie sie sind, real sind sie und damit wiedererkennbar, sodass man sich auf sie einlassen kann. Und nur relativ vertraut sind diese Wesen und Dinge, weil sie sich ständig verwandeln. Plötzlich sind die Perlhühner echte Perlen, aus Mehl wird Salz oder Schnee, Wörter sind Glasscherben; sie verwandeln sich, ohne symbolisch zu wirken. Tolnai setzt nämlich mit einer realistischen Betrachtung ein, verschärft die Realität, bis sie als Abstraktion erscheint, sich aber schließlich doch als eine Art (als neue Art) der Realität begreifen lässt.

Vor zehn Jahren hat der auch im deutschen Sprachraum bekannte ungarische Autor Lajos Parti Nagy über sechs Tage hinweg ein Interview mit Ottó Tolnai geführt, ein ausführliches Gespräch für den Rundfunk. Aus diesem Gespräch hat sich Jahre später ein ansehnliches Buch entwickelt, eine Art Schlüsselwerk (mit dem schönen Titel „Der Dichter aus Schweinefett" – „Költő disznózsírból"), bei dem Parti Nagy, wie er selbst sagt, Geburtshelfer war. Er begann die gemeinsamen Gespräche mit dem folgenden Satz: „Die sechs Sitzungen werden wohl eine Abfolge haben, aber keine Reihenfolge, denn Ottó Tolnais Kunstwerk – das ich am liebsten Dichtung nenne – wird gerade dadurch charakterisiert, dass wir, an welchem Punkt wir es auch berühren, wo wir auch etwas hervorziehen und lösen wollen oder zumindest zu lösen beginnen wollen, sofort in die Mitte des Werkes geraten."

In seiner fünfzig Seiten langen Antwort sagt Tolnai unter anderem, dass ihm seit jeher Sätze vorgeschwebt haben, wie sie Nietzsche in „Jenseits von Gut und Böse" beschreibt, nämlich kreisförmige Sätze, die im Sinne der Antike eine Einheit bilden, indem sie von einem einzigen Atemzug zusammengehalten werden. Und obwohl Nietzsche meint, dass diese langen Sätze dem modernen Menschen nicht zustünden, da wir zu kurzatmig seien, spüre man die Notwendigkeit solcher Sätze, die zeigen, „dass wir in den aufgewühlten Wellen den Boden unter den Füßen verlieren, nach Luft schnappen, uns verstricken, aber vielleicht werden wir im Wasser nicht untergehen, den Boden unter den Füßen beziehungsweise den so genannten roten Faden nicht verlieren und spüren, dass wir das Ende des Fadens finden können, im schlimmsten Fall um den eigenen Hals gewickelt".

Dass der rote Faden um den eigenen Hals in Wirklichkeit ein Strick ist, zeigt sich besonders in Tolnais Langgedichten.

Von den Langgedichten gibt es drei in diesem Band: „Der Rosshaarbesen" und „Du hast dich in den Rosen gewälzt" sind vor kurzem entstanden, „Das Blut quillt mir aus dem Mund" schrieb Tolnai vor einigen Jahren, während seines Aufenthalts in Berlin, als Gast des DAAD. Diese Gedichte sind wogende Gebilde, in die man eintaucht, als wäre man verloren, mit denen man allerdings das wirklich tiefe Durchatmen kennen lernen kann.

* * *

Ungarisch, eine nichtindoeuropäische Sprache, nimmt sich für das germanische, slawische, romanische Verständnis schon von der Struktur her fremd aus. Zum Beispiel ist die Grammatik konziser und verlangt viel dichtere Satzformen als die indoeuropäischen Nachbarsprachen. Das heißt, die Wörter sitzen dichter beisammen, der Sinn ist weniger detailliert aufgeschlüsselt; was gesagt und erzählt wird, kommt dadurch ins Taumeln, wobei dieses Taumeln wunderbare Qualitäten hat und unbedingt zu den Talenten dieser Sprache gehört.

In der deutschen Übersetzung kann man die vielschichtigen Sprachschwankungen nicht ganz nachvollziehen, etwas von jenem Torkeln, das Tolnai im Original gut und klug eingebaut hat, geht zwangsläufig verloren. Der „Seegang", die Gefahr des Ertrinkens, ist im Original also stärker.

Über die Sprachstruktur hinaus gab es bei diesen vierundzwanzig Gedichten auch mit einzelnen Wörtern Probleme, natürlich gab es sie, solche Hürden stellen sich bei Übersetzungen aus allen Sprachen. Zwei Beispiele möchte ich trotzdem nennen.

Auf ein einziges ländlich-barock anmutendes Wort hat Tolnai sein Gedicht „Urgroßmama" ausgerichtet, nämlich auf das Wort *almárium*, in dem man das lateinische *armarium* leicht entdecken kann, und auch das französische *armoire* ist zu wittern, aber das hilft nicht viel. Gesucht ist ein Wort, das an Bauernschränke erinnert, möglichst an bemalte ungarische Bauernschränke, und der Schrank sollte ein klein wenig nach Äpfeln riechen, weil der Apfel im Ungarischen *alma* heißt und *alma* in *almárium* hörbar enthalten ist und weil Tolnai mit solchen Hörbarkeiten intensiv arbeitet (so, dass ich vergleichbare Probleme auch mit anderen Wörtern hatte). Tolnais *almárium* riecht also nach der Großmutter, sodass die Großmutter nach Äpfeln riecht. Und erst als ich die grüne Truhe in eine apfelgrüne Truhe verwandelt hatte, kam etwas wie ein Geruch im Gedicht auf, womit Ottó Tolnai glücklicherweise einverstanden war. Er sagte, auf dieses Möbelstück stelle man im Herbst ohnehin auch Äpfel.

Das andere problematische Wort ist (zufällig) ebenfalls lateinischen Ursprungs, in Ungarn allgemein bekannt, im deutschen Sprachraum nicht: Hypermangan. Hypermangan steht für kleine dunkelblaue beziehungsweise dunkelviolette Körnchen, die man im Wasser auflöst, meist in einer Schüssel, um (heilsame) Sitzbäder zu nehmen. Das Besondere ist die hellviolette Färbung, sobald sich die Kristallkörner im Wasser aufgelöst haben. Diese Farbe zieht durch viele Gedichte Tolnais; er ist ihr – wie auch seinen anderen Farben, dem Olivgrün, dem blassen Lorbeergrün – seit Jahren treu geblieben. Treu ist er auch dem weißen Salzschnee, dem leuchtenden Salzboden – dem *szík* – der Tiefebene, für den es im Deutschen kein Wort gibt.

Zsuzsanna Gahse
Müllheim, Januar 2009

Tartalom

Inhalt